Let's Write and Communicate!

Nobukazu Aoki
Haruo Erikawa

KINSEIDO

Kinseido Publishing Co., Ltd.
3-21 Kanda Jimbo-cho, Chiyoda-ku,
Tokyo 101-0051, Japan

Copyright © 2000 by Nobukazu Aoki
　　　　　　　　and Haruo Erikawa

All rights reserved. No part of this publication may be reproduced, stored in a retrieval system, or transmitted, in any form or by any means, electronic, mechanical, photocopying, recording or otherwise, without the prior permission of the publisher.

First published in 2000 by Kinseido Publishing Co., Ltd.

写真提供
P. 18, 30, 38, 50, 66, 78, 毎日新聞社
P. 58, UPI・サン・毎日
P. 62, ロイター
本文イラスト　佐藤衿子

はしがき

　自分の言いたいことを英語で自由に発信したい。そんな思いを実現させるために，このテキストは作られました。いきなり英会話では難しいでしょう。でも，まず自分の考えを文字で書いてみると，けっこう通じる英語が書けるものです。その練習をくり返すうちに，自分を英語で表現する力がついて，やがて「書く」から「話す」へとコミュニケーションの力が飛躍することでしょう。

　本書の特徴は次の3点です。

1. 身近なトピック中心の自己発信型英作文
　　自己紹介，コンパ，ゼミ，大学祭など，学生のだれもが経験するトピックを中心にすえて各課を構成しました。それに電話，海外旅行，インターネットなどで必須の表現練習を加えてあります。また，環境保護，教育問題，戦争と平和などの知的な内容に関する表現力を養うレッスンも盛り込みました。これらを通じて，自分の考えを易しい英語で堂々と世界に発信する楽しさを味わってください。

2. CDでヒアリング，それを使ってライティング
　　各課のはじめには長めの文章や会話が用意され，ネイティヴの吹き込みによるCDが付けられています。CDを何度も聴きながら生きた表現を覚え，それを活用して練習問題を解くという画期的な構成です。「聴く力」をつけながら「書く力」を養う。そうなれば，「話す力」への準備も万全というわけです。また練習問題は，穴埋め，並べ替えなどの易しい問題から，各トピックに関する自由英作文まで，多様な学力の学習者に見合った段階的な構成になっています。

3. 充実した基本表現と文法解説で，英作アレルギーを克服
　　WORD BANKで基本表現を豊富に与え，モデル英文の重要事項には詳しい文法解説を付けました。英作のコツを伝授するWRITING CLINICや，一読三嘆の名人伝説「WRITINGの鉄人」も楽しく学習をサポートします。こうして，英語の基礎を固めながら苦手意識を克服し，体系的な学習ができるように構成されています。

　このような類書にない特徴を持った本書を活用して，自分を英語で表現し，世界の人々とコミュニケーションできる喜びを体験してください。

　最後に，この本の完成までには，英文の校閲でDeborah Iwabuchi先生にたいへんお世話になりました。心からお礼を申し上げます。

2000年1月　著者しるす

Table of Contents

LESSON 1 *Page 6*
Self Introduction（自己紹介）
1. 「～すべきだ」(should＋原形)，「～しておけばよかったのに」(should have＋過去分詞)の表現
2. 英語のことわざ
WRITING CLINIC 1 ライティングからスピーチへ

LESSON 2 *Page 10*
College Life（大学生活）
1. needless to say（言うまでもなく），sad to say（残念ながら）などの不定詞の慣用表現（＝独立不定詞）
2. どれほど～でも However～＋主語＋(may) be
WRITING CLINIC 2 和製英語にご用心！

LESSON 3 *Page 14*
Club Activities（クラブ活動）
1. 「思う」のさまざまな表現 guess, be going to, hope, be afraidなど
2. 「～してごらん，そうすれば」の表現 命令文＋and...
WRITING CLINIC 3 なんでも英語にしてみよう

LESSON 4 *Page 18*
A Party（コンパ）
1. 「とても～なので，…だ」の表現 so ～ that...
2. 「とても～なので，…できない」の表現 too～＋to＋原形
***WRITING*の鉄人 1** 斎藤秀三郎

LESSON 5 *Page 22*
Cross-cultural Understanding（異文化理解）
1. 「できるだけ～する」の表現 as＋形容詞／副詞の原級＋as＋possible
2. 「なんと～なのだろう」という強い驚きの表現（感嘆文）
WRITING CLINIC 4 冠詞のa (an)とtheにご用心

LESSON 6 *Page 26*
Seminar（ゼミ）
1. 関係代名詞 that, who, whose, whom, whichなど
2. 関係副詞 where, when, whyなど
WRITING CLINIC 5 名詞の単数形と複数形にご用心

LESSON 7 *Page 30*
Environmental Protection（環境保護）
1. 形式主語構文 It is ～(for...)to＋原形
2. 現在完了形 have (has)＋過去分詞
WRITING CLINIC 6 機械的な直訳ではなく，状況判断を

LESSON 8 *Page 34*
Telephone（電話）
1. 電話の決まりことば
2. 「～はどうですか」と提案・助言する表現 Why don't you＋原形
***WRITING*の鉄人 2** 伊地知純正

LESSON 9 *Page 38*
Driver-oriented Society（クルマ社会）
1. 分数や倍数の表現
2. 「～もの」(as many as～)，「せいぜい～」(no more than～)などの数量を強調する表現
WRITING CLINIC 7 「の」はofとは限らない

LESSON 10 — Page 42
A College Festival（大学祭）
1. 動名詞（～ing形）
2. 日本の食事や生活に関する英語

WRITING CLINIC 8　英文で手紙を書くときの注意

LESSON 11 — Page 46
Travel Abroad（海外旅行）
1. 「何とおっしゃいましたか」と聞き返す表現　I beg your pardon?
2. 「～していませんね」付加疑問の表現

WRITING CLINIC 9　ライティングにもリズム感が大切

LESSON 12 — Page 50
Education（教育問題）
1. 分詞構文
2. 倒置

WRITINGの鉄人 3　勝俣銓吉郎

LESSON 13 — Page 54
Homestay（ホームステイ）
1. on ～ing　時を表す慣用表現　「～するとすぐ」
2. 比較構文　「～すればするほど，ますます…」the＋比較級, the＋比較級

WRITING CLINIC 10　贅肉を落としてスッキリと

LESSON 14 — Page 58
Study Abroad（留学）
1. 比較級と最上級
2. though～　「～ではあるけれでも」「～にもかかわらず」（譲歩の表現）

WRITING CLINIC 11　文前後の情報の流れを整理しよう

LESSON 15 — Page 62
War and Peace（戦争と平和）
1. 不定詞（to＋動詞の原形）のさまざまな用法
2. 「Bと同様にAも」A as well as B～（同等比較）

WRITING CLINIC 12　名詞中心の英語らしい作文へ

LESSON 16 — Page 66
Kabuki（歌舞伎）
1. 「今や～だから」now that～　「ひとたび～すると」once～　時・理由の接続詞
2. 「とてもAなのでBする」「BするほどAだ」　A＋enough＋to B

WRITING CLINIC 13　日本詩歌の英訳

LESSON 17 — Page 70
Internet（インターネット）
1. 形式主語構文（It is～that＋S＋V）「Sが…することは～だ」
2. コンピュータやインターネットの英語

WRITING CLINIC 14　英語のていねい表現

LESSON 18 — Page 74
Looking for a Job（就職活動）
1. 仮定法　as if I were . . . , I wish I had . . .
2. so far as～「～する限りでは」　条件や限界を表す表現

WRITING CLINIC 15　英文履歴書（résumé）の書き方

LESSON 19 — Page 78
Learning（学問）
1. 強調構文　It is A that B「BなのはAだ」とAを強調する表現
2. 数量の表現　(a) little, (a) few, many, muchなど

WRITINGの鉄人 4　入江祝衛

LESSON 20 — Page 82
A Graduation Thesis（卒業論文）
1. 形式目的語のit
2. 群動詞　carry out, call forなど

WRITING CLINIC 16　技術英語論文の書き方

LESSON 1

Self Introduction ——自己紹介

> **WARM-UP READING**

日本語を参考に，CDを聴いて（　）内に適切な語を入れなさい。　CD TRACK 1

　　Fellow students! Let me (¹　　　　) myself. My name is Sato Keiko and I come from Sakai, Osaka Prefecture. I (²　　　　) from Minami High School but failed last year's college entrance exams. I **should have studied** harder in my high school days. I chose this university because I like the school atmosphere. I'm very happy to be with you here.

　　My (³　　　　) is playing the electric guitar and I hope I can take part in the popular music (⁴　　　　). Someday I hope to perform rock and roll on the stage with my boyfriend. That's my dream. My father, however, is always complaining that I **should not be** so crazy about music but (⁵　　　　) my attention on my studies. Since I am no longer a child, I **ought to be** responsible for what I do. Gather roses while you may. Everything's coming up roses. Thank you very much for your attention.

　　みなさん。自己紹介いたします。名前は佐藤恵子です。大阪の堺市出身です。南高校を卒業したのですが，一浪してしまいました。高校時代にもっと勉強しておけばよかったです。校風が気に入ったのでこの大学を選びました。みなさんと一緒になれてとてもうれしいです。

　　趣味はエレキギターを弾くことで，軽音楽のサークルに入れればいいなと思っています。いつかボーイフレンドと一緒にステージに立ってロックンロールを演奏したいわ。それが夢なの。でも，父はいつも音楽にばっかり熱中してないで勉強に集中しなさいってうるさいの。もう子どもじゃないんだから，自分のことには責任をもつわ。「楽しめる間に楽しめ，若い時は二度ない」って言うでしょ。そしていま，何もかもうまくいっているのよ。ご静聴ありがとう。

Notes

「～出身である」**come from**～　　「一浪する」⇨「昨年の試験に失敗する」（英米の高校生は「浪人」してまで特定の大学をめざすことはほとんどない）　　「校風」**school atmosphere**（長い伝統の末に確立された校風はschool traditionともいう）　　「～に参加する」**take part in**～（＝participate in ～）「もう～ではない」**no longer** ～　　「《ことわざ》楽しめる間に楽しめ，若い時は二度ない」**Gather roses while you may.** (*cf.* There's no time like the present. 今ほど良いときはない〔今しなさい〕)「《口語》（思ったよりずっと）うまくいく」**come up roses**

GRAMMAR & PHRASES

1. 「～すべきだ」(should＋原形),「～しておけばよかったのに」(should have＋過去分詞) の表現

   I *should not be* so crazy about music but [*should*] *concentrate* my attention on my studies.
   (音楽にばっかり熱中してないで勉強に集中すべきだ)
   I *should have studied* harder in my high school days.
   (高校時代にもっと勉強しておけばよかった〔のにしなかった〕)

   ▶「～すべき」はought to＋原形,「～しておけばよかった」はought to have＋過去分詞でも表現できる。また,「～すべきではなかったのに〔してしまった〕」はshould not have＋過去分詞, またはought not to have＋過去分詞。

   (a) I *ought to* (＝*should*) *be* responsible for what I do.
   (自分のすることには責任をもつべきだ)
   (b) He was late for the exam. He *should* (＝*ought to*) *have left* home earlier.
   (彼は試験に遅刻した。もっと早く家を出ておけばよかったのに)
   (c) I *should not* (＝*ought not to*) *have eaten* between meals.
   (間食をすべきではなかったのに)

2. 英語のことわざ
   Gather roses while you may. （楽しめる間に楽しめ, 若い時は二度ない）

   ▶スピーチでは適度にことわざを入れるのが効果的だ（☞ *WRITING CLINIC 1* 参照）。日本のことわざと比較対照すると, それぞれのお国柄が出ておもしろい。
   (a) Where there's a will, there's a way.
   （意志〔やる気〕があれば, 必ず方法は見つかる）〔日本では「精神一到何ごとかならざらん」〕
   (b) A rolling stone gathers no moss.
   （ころがる石には苔がはえない）〔意味は「職業を変えてばかりいる人には金は貯まらない」,「たえず恋人を換える人には本当の愛は得られない」など。ただし, アメリカでは「たえず活動している人はいつも清新だ」と良い意味でも用いる。〕

WORD BANK

「国立（公立／私立）大学」**a national (public/private) university** 　「短期大学」**a junior college** 「（大学の）1年生」**freshman** (または**fresher**),「2年生」**sophomore**,「3年生」**junior**,「4年生」**senior** 　「経済学部」**faculty of economics** 　「教育」**education** 　「工学」**engineering** 　「前(後)期」**the first (/second) semester** 　「科目を履修する」**take (/study) a subject**

EXERCISES

A 日本語に合うように，（ ）内に適切な英語を1語ずつ入れなさい。

1. 約束は守るべきだ。
   You (   ) (   ) your promise.

2. 僕らの大学にだって欠点はある。そんなささいなことで不平を言うべきではない。
   Even our (   ) has some defects. You (   ) not (   ) of such a trifle.

3. その本を買っておけばよかったのに。
   You (   ) (   ) (   ) the book.

4. 理科と数学の両方に興味を持っておくべきだった。
   I (   ) to (   ) been interested (   ) both science and math.

5. レポートを仕上げていて当然のはずだ。一か月も前に出したのだから。
   You (   ) (   ) (   ) finished the report, for I assigned it to you one month ago.

B 日本語の意味になるように，（ ）内の英語を並べかえなさい。

1. 彼女は何回かこの大学に来たのだから，道に迷ったはずがない。
   She (way / lost / her / have / can't), for she (several times / has / to this university / come).

2. 本を借りる人は，1度に5冊以上の館外持ち出しは許されません。
   Borrowers (the library / more than / of / may not / five books / take out) at a time.

3. 彼は辞書を教室に忘れてきたかもしれないと言った。
   He said (his dictionary / have / he / the classroom /might / in / left).

4. 困っているときの友は、真の友である。　〔困っているとき＝必要なとき〕
   (need / is / indeed / a friend / in / a friend).

5. よく学びよく遊べ。〔勉強ばかりして遊ばないとジャックはだめな子になる〕
   (dull / Jack / a / no play / all work / and / makes / boy).

WRITING FOR COMMUNICATION

A 下線部を英語に直しなさい。

A：①初めまして。中村洋子と申します。経済学部の1年生です。よろしくお願いします。
B：こちらこそよろしく。②僕は教育学部の3年生で，数学専攻です。
A：③前期はどんな科目を履修すべきなんですか。
B：④まず語学2つと，必修科目を優先すべきだよ。ところで，⑤この大学の校風は気に入った？
A：はい。⑥友だちをたくさん作って，楽しめる間に楽しもうと思います。

①

②

③

④

⑤

⑥

B 英語で自己紹介をしてみよう。

WRITING CLINIC 1　　ライティングからスピーチへ

　自己紹介を手はじめに，自分の言いたいことを英語でスピーチしてみよう。そのためには，次の点に注意しよう。

①原稿ははじめから英語で書こう。
　英語の発想が大切。「ええ，本日はお日柄もよく」なんて無意味なマクラは英語では不要。ずばり，言いたいことに切り込もう。
②1分間に120語を目安に，やさしい英語で。アナウンサーの速度は毎分約180語。でも初心者はその3分の2の速度で十分だ。要は，言いたいことをしっかり伝えること。
③大きな声で，はっきり発音する練習を。モジモジしていては立派な内容でも台なしだ。
④威風堂々。下を見ず，視線は聴衆の左・中・右にまんべんなくゆっくり移そう。
⑤気のきいたことわざや，軽いユーモアをまじえよう。
⑥最後の言葉はしっかり締めよう。これがあとに余韻を残す。That's all.（以上です）では締まらない。今回の例文では，ことわざGather roses while you may.を受けて，口語のcome up roses（思ったよりずっとうまくいく）という表現を使っている。2つともroses（バラ）で締めたのも女性らしくおしゃれだ。

LESSON 2

College Life ——大学生活

WARM-UP READING

日本語を参考に、CDを聴いて（　）内に適切な語を入れなさい。　CD TRACK 2

　　Three months have passed since I entered this (1　　　　). I belong to the tennis club. **Needless to say**, it is important for my health. In the club I have made many friends but, **sad to say**, I don't have any girlfriends yet.

　　I am very busy taking many (2　　　　) this first semester. English is a required subject, so I must not fail to get the (3　　　　). I had a good shot at the questions on the English exam yesterday. I probably scored at least 80 points on the test. **However busy I may be** with my part-time (4　　　　), I have to attend my language classes as often as possible. Because if I am absent from more than one-third of the classes, I cannot get the credits **whatever the reason may be**. I spent much time preparing for Chinese, but the lesson was canceled today!

　　Tomorrow is the deadline for my physics paper. It took me three days to write this paper. I hope to (5　　　　) in science education in the future.

　　この大学に入学して3か月が過ぎました。テニス・サークルに入っています。言うまでもなく、健康によいですから。サークルでは友だちがたくさんできました。でも残念ながら、まだ彼女はできません。
　　前期は履修科目が多くてたいへんです。英語は必修ですから単位を落とすわけにはいきません。きのうの英語の試験では、うまくヤマが当たりました。たぶん80点は取れたと思います。どれほどアルバイトが忙しくても、語学にはできるだけ出席しないといけません。3分の1以上欠席すると、いかなる理由であれ、単位が取れないからです。でも、しっかり中国語の予習をしたのに、今日は休講でした！
　　明日は物理のレポート提出期限です。このレポートを書くのに3日かかりました。将来は理科教育を専攻しようと思っています。

Notes

「前期」**the first semester**　（または**the spring semester**；後期は**the second semester**または**the fall semester**）　「(履修の) 単位」**a credit / a unit**　「～の試験問題のヤマが当たる」**have a good shot at～**　「アルバイト」**part-time job** (☞ *WRITING CLINIC 2* 参照)　「～していて忙しい」**be busy (in) ～ing**　「3分の1」**one-third**（3分の2は**two-thirds**と複数のsが付く　☞L.9参照）　「～を専攻する」**major in～, specialize in～**　「レポート、論文」**a paper**

GRAMMAR & PHRASES

1. needless to say（言うまでもなく），sad to say（残念ながら）などの不定詞の慣用表現（＝独立不定詞）

   Needless to say, it is important for my health.
   （言うまでもなく，それは健康によい）
   Sad to say, I don't have any girlfriends yet.
   （残念ながら，まだ彼女はできません）

▶ 不定詞 (to＋動詞の原形) が主文から独立して，文全体を修飾するために「独立不定詞」と呼ばれる。Needless to sayは，It is needless to say that～の省略された形だと考えればわかりやすい。また，「～は言うまでもなく」という場合にはto say nothing of～, not speak of～, not to mention～を使う。「残念ながら」はto one's regretとも言う。ほかには，次のような表現がある。

   (a) *To be sure*, fear of war has to be handed down from generation to generation.
   （確かに，戦争の恐ろしさは世代から世代へと伝えられなければならない）
   (b) *Strange to say*, the teacher did not notice her absence.
   （妙なことだが，先生は彼女の欠席に気づかなかった）
   (c) I failed in the exam, and *to make matters worse*, my heart was broken.
   （試験に失敗した。さらに悪いことに，失恋した）

2. どれほど～でも　However～＋主語＋(may) be

   However busy I *may be* with my part-time jobs, I have to attend my language classes.
   （どれほどアルバイトが忙しくても，語学には出席しないといけません）
   If I am absent from more than one-third of the classes, I cannot get the credits *whatever* the reason *may be*.
   （3分の1以上欠席すると，いかなる理由であれ，単位が取れません）

▶ このHoweverはNo matter howに，whateverはNo matter whatに書き換えることができる。また，アメリカではmayを用いないことが多い。次の表現も覚えよう。

   (a) *Whenever* I *call* on the professor, I find he is out. (＝*No matter when* I call...)
   （その教授はいつたずねても留守だ）
   (b) *Whoever* the batter *may be*, he will not be able to hit the ball. (＝*No matter who* the batter is...)
   （バッターが誰であれ，そのボールは打てないだろう）
   (c) *Whichever* way I *may take*, I will get to the junior college. (＝*No matter which* way I take...)
   （どちらの道を行っても，その短大に着けるだろう）

WORD BANK

「文化系」humanities course / liberal arts course　「理科系」science course　「必修科目」**required subject**（米）**, compulsory subject**（英）　「選択科目」**elective subject**（米）**, optional subject**（英）　「～の単位を取る」**get (/earn/acquire) credits in**～

LESSON 2

EXERCISES

A 日本語に合うように，（　）内に適切な英語を1語ずつ入れなさい。

1. このレポートの提出期限は6月10日です。
   The (　　　) of this (　　　) is June 10.

2. 最近では，短大から4年制大学に移るのはさほど難しくないようです。
   It seems not so (　　　) to make the change from junior (　　　) to (　　　) these days.

3. 彼女は本屋でアルバイトをしています。
   She has a (　　　) (　　　) at a book store.

4. どれほど試験準備で忙しくても，健康には気をつけてください。
   (　　　) busy you (　　　) be preparing for examinations, please (　　　) (　　　) of yourself.

5. 私は将来，英語教育史を専攻しようと思っています。
   I hope to (　　　) (　　　) the history of English education in the future.

B 日本語の意味になるように，（　）内の英語を並べかえなさい。

1. 私をこの大学に入れるにはたいへんお金がかかったと思います。
   I suppose (to this university / it / send me / you / a lot of money / cost / to).

2. この大学に入って3年がたち，今は中田先生のゼミに所属しています。
   (this university / Professor Nakata's seminar / entered / belong to / three years / and now / have passed / since / I / I).

3. 大学院に進学するためには，なるべく多くの科目でA評価を取らなければなりません。
   In order to go on to a graduate school, (as / many / in / must / possible / get A / as / subjects / I).

4. 将来はコンピューター技術者になりたいと思っています。
   (to be / the future / I / a computer engineer / would / in / like).

5. 環境保護のために，この大学にはたくさんの木が植えられています。
   Many trees (of / this university / for / in / environmental protection / are planted / the sake).

WRITING FOR COMMUNICATION

A 下線部を英語に直しなさい。

　①もうじき前期も終わり，待望の夏休みだ。でもその前に，いやな試験が待ちかまえている。初日の試験は英語だ。②これは必修科目なのでしっかり復習し（review），80点は取りたい。レポートもかなりたまっているから，③早めに準備して，期限までに提出しよう。
　④夏休みには喫茶店でアルバイトをして，お金を貯める（save）つもりだ。クルマの免許も取りたいし，旅行もしたい。そうそう，⑤将来の留学（study abroad）に備えて，語学だけは勉強しておこう。

①

②

③

④

⑤

B 自分の大学生活について英語で書き，スピーチしてみよう。

WRITING CLINIC 2　　和製英語にご用心！

　今や英語は英米だけの専有物ではない。世界にはさまざまな英語（world englishes）がある。だからといって，相手に通じなかったり，思わぬ誤解を受けるような「英語」は困りもの。とくに「和製英語」には注意しよう。

- アルバイト　×arbeit → ○a part-time job　〔定職のある人の副業はside job〕
- ガソリンスタンド　×gasoline stand → ○gas station
- ハンドル　×handle → ○a (steering) wheel
- サラリーマン　×salary man → ○an office worker / a white worker / a salaried [salary] worker
- カンニング　×cunning → ○cheating (in an examination)　〔口語ではcribbingも〕
- トランプ　×trump → ○cards　〔「トランプをする」はplay cards，なおtrumpは「奥の手」「切り札」のこと〕
- ビジネスホテル　×business hotel → ○a commercial hotel

LESSON 2

LESSON 3

Club Activities ——クラブ活動

WARM-UP READING

日本語を参考に，CDを聴いて（　）内に適切な語を入れなさい。　CD TRACK 3

Yoko: Many clubs have repeatedly asked me to join since the entrance (¹　　　).
Satoru: Indeed. I can't make up my (²　　　) about what club I should join with so many groups.
Yoko: I've had a try at joining the volleyball club, but the training is too hard for me to bear.
Satoru: **I guess** I'm not cut out for any sporting club. **I'm going to** be a member of the astronomy circle and watch the starry sky.
Yoko: That (³　　　) wonderful! **I hope** you will invite me to your star observations from time to time.
Satoru: But **I'm afraid** you might be too busy practicing volleyball.
Yoko: To tell you the truth, I'm of two minds about leaving the club because the (⁴　　　) exhausts me. Besides, the club seems extremely complicated in its (⁵　　　) relations as well.
Satoru: Well, **imagine** what exists beyond space, **and** you will forget all the trivial matters of this world.

洋子：入学式以来，クラブの勧誘がしつこいの。
悟：ほんと。これだけ数があると，どれに入ればいいか迷ってしまうね。
洋子：私はバレー部にちょっとのぞいてみたんだけど，練習がきつくてついていけないわ。
悟：僕には体育系は向かないと思う。天文同好会に入って星空の観察でもしようかな。
洋子：すてき！時々は観測に誘ってね。
悟：でも，君はいつもバレーの練習で忙しいと思うけど。
洋子：実は，辞めようかどうか迷ってるの。体はへとへとになるし，部内の人間関係もひどく複雑そうだし。
悟：じゃ，宇宙の彼方には何があるのかなんて想像してごらん。そうすれば，この世のつまらないことなんか忘れるよ。

Notes

「入学式」 **an entrance ceremony**（大学の入学式はa matriculation ceremonyともいう）　「～を決める」 **make up my mind～**　「ためしに～してみる」 **have a try at～**　「～には向いていない」 **not cut out for～**　「ときどき」 **from time to time**（= occasionally）　「実をいうと」 **to tell (you) the truth**（☞L.2参照）　「～を迷っている」 **be of two minds about～**

GRAMMAR & PHRASES

1. 「思う」のさまざまな表現　guess, be going to, hope, be afraidなど

   > *I guess* I'm not cut out for any sporting club.
   > 　（僕には体育系は向かないと思う；guessは推量の意味で口語的）
   > *I'm going to* be a member of the astronomy circle.
   > 　（天文同好会に入ろうと思う；be going toは意図や予定のニュアンス）
   > *I hope* you will invite me to your star observations.
   > 　（天体観測に誘ってね；hopeは今後に期待するニュアンス）
   > *I'm afraid* you might be too busy practicing volleyball.
   > 　（君はいつもバレーの練習で忙しいと思うけど；be afraidはよくないことが予想される場合）

   ▶「思う」をすぐthinkに置きかえがちだが，thinkは最も一般的で，冷静に考えて「思う」場合。ニュアンスによって使い分けよう。ほかには次のようなものがある。

   (a) I believe he is innocent.
   　（彼はきっと無実だと思う；believeはある程度自信があって強く推量する場合）
   (b) I can't imagine she is dead.
   　（彼女が死んだとは思えない；imagineは想像する場合）

2. 「～してごらん，そうすれば」の表現　命令文＋and（＝ if so）...

   > *Imagine* what exists beyond space, *and* you will forget all the trivial matters of this world.
   > 　（宇宙の彼方には何があるのかなんて想像してごらん。そうすれば，この世のつまらないことなんか忘れるよ）

   ▶「～してごらん，そうしないと…」の場合は，命令文＋or（＝ if not）...

   (a) Let's run fast, *and* we'll be in time for the exam.
   　（速く走ろう。そうすれば試験に間に合うよ）
   (b) Put your sweater on, *or* you'll catch cold.
   　（セーターを着なさい。そうしないと風邪をひきますよ）
   　＝ Put your sweater on, *otherwise* you'll catch cold.

WORD BANK

「クラブに加入［所属］する」**join (/belong to) a club**　「運動［スポーツ］クラブ」**an athletic (/a sporting) club**　「クラブから脱退する」**leave a club**　「運動不足」**want of exercise**　「強化合宿」**camp training**　「軽音楽部」**light music club (/society)**　「柔道部」**judo club**　「陸上部」**track and field club**　「写真部」**photography club**　「文芸部」**literary club**　「新聞部」**school newspaper club**　「ESS」**English Speaking Society**

EXERCISES

A 日本語を参考に，下の選択肢から最も適切な英語を選んで（　）内に入れ，英文を完成させなさい。

1. ラグビーの練習があるから明日は君に会えないと思うよ。
   I'm (　　　) I can't meet you tomorrow because I (　　　) rugby (　　　).

2. 昨日は終了間際のゴールにより，僕らのチームは早稲田を2対1で破った。
   Yesterday, the last-minute goal (　　　) our team a two-one victory (　　　) Waseda.

3. 今日は4対3で明治に逆転勝ちした。
   Today, our team came from (　　　) to (　　　) Meiji 4-3.

4. この勢いは，もう誰にも止められない。
   (　　　) one can (　　　) us now.

5. 僕らのチームは新しいトレーニング法を採用して優れた成果をあげていると思う。
   I (　　　) our team has achieved good (　　　) by adopting a new training (　　　).

> behind / believe / stop / afraid / results / beat / no / method / have / gave / over / practice

B 日本語の意味になるように，（　）内の英語を並べかえなさい。

1. 彼が男子100メートル競走で優勝するといいわね。
   (wins / hope / the men's 100-meter dash / he / the gold medal / in / I).

2. 150億年の宇宙の進化のことを考えてごらん。そうすれば地球を敬うようになるよ。
   (and / the evolution / about / over / the earth / you'll / fifteen billion years / think / respect / of the universe).

3. 十分な運動をしないと不健康になりますよ。
   Please (enough / unhealthy / you / do / be / or / exercise / will).

4. 考古学研究会を作るために興味のある学生たちを集めようと思っている。
   I'm (organize / going / an archaeological society / interested / gather / students / to / to).

5. あいつはいつも部室にはいるけど，授業では一度も見たことないと思うけどなあ。
   He (think / shows / seen / but / in / up / a lot / I don't / I've / the clubroom / ever) him in class.

WRITING FOR COMMUNICATION

A 下線部を英語に直しなさい。

A：①柔道部がしつこく勧誘するんだ。高校時代にちょっとやっただけなのに。でも、②実をいうと、僕にはあのクラブは向かないと思う。
B：そうね。③私は単位のことで頭がいっぱい。とてもクラブどころではないわ。
A：でも、④何か運動をしないと健康によくないんじゃない。
B：⑤毎朝ジョギングしているのよ。⑥あなたも走ってごらんなさい。そうすれば、この世のつまらないことなんか忘れるから。

①

②

③

④

⑤

⑥

B 自分の現在、あるいはこれまでのクラブ活動について英語で書いてみよう。

WRITING CLINIC 3　　なんでも英語にしてみよう

言葉は使わないと、すぐ錆びついてしまう。日本では日常生活で英語を使うことはほとんどないだろう。そうした環境で英語力、とりわけライティング力を身につけるためには、ちょっとした努力が必要だ。ポイントは2つ。

(1) 朝起きてから寝るまでの、あらゆることを英語にしてみよう。文にできなくても、単語を並べるだけでもいい。たとえば、「歯を磨く」は英語で何と言うんだっけ？と考え、わからなければあとで辞書を引く。翌朝からはbrush my teethかclean my teethと言えるようになる。歯は1本のはずがないからtoothではなく複数形のteethなのだと納得。なのに「歯ブラシ」toothbrushも、それにつける「歯磨き」toothpasteもtoothを使う。どうしてかな？などと考えれば、もう記憶はバッチリだ。毎日繰り返すことだから着実に英語を覚えられる。

(2) 気に入った表現に出会ったら、すぐメモをして覚えよう。「好きこそものの上手なれ」で、自分で作った「お気に入り表現集」だと、すばやく身に付くから不思議だ。集めた表現や用例が増えれば増えるほど、君の英語表現力は豊かになり、英語が楽しくなる。

LESSON 4

A Party ——コンパ

WARM-UP READING

日本語を参考に，CDを聴いて（　）内に適切な語を入れなさい。　CD TRACK 4

Satoru: Your (¹　　　　) is hoarse. I'm afraid you have caught a cold.
Hiroshi: No, I sang **so** loud last night **that** I lost my voice.
Satoru: Did you have a party?
Hiroshi: Sure. We had a party for the new (²　　　　) of our club. When the karaoke started, the party livened up. You know I have no ear for music but I **so** enjoyed myself **that** I couldn't stop singing.
Satoru: You got rid of your (³　　　　) by singing at a karaoke bar, didn't you? In addition, you have promoted mutual friendship with the party.
Hiroshi: Yes, I'm an organizer for the next party. I'll have to make the (⁴　　　　).
Satoru: Oh, really? What's the next party for?
Hiroshi: The party for my seminar members. I'd like to give a modest party at the Student Union in order to (⁵) the membership fees. Everything is **too** expensive **for** foreign students **to live** a comfortable life in Japan.

悟：声がかれてるよ。風邪でもひいたの。
洋：いや，実は昨日の晩は大声で歌いすぎて，声がガラガラになったんだよ。
悟：コンパだったの。
洋：そう。新入生歓迎のね。カラオケが始まると，コンパが盛り上がったんだ。知っての通り僕は音痴だけど，楽しくて歌うのをやめられなかったよ。
悟：カラオケでストレス解消ってわけだね。おまけに，お互いの親睦も深まったと。
洋：そういうこと。で，次のコンパも僕が幹事で，手配をしなくちゃいけないんだ。
悟：えっ，本当？　今度はなんのコンパ。
洋：ゼミのさ。でも，会費を安くするために学生会館でささやかにやろうと思うんだ。留学生には日本の物価は高すぎて，快適には暮らせないからね。

Notes

「（声が）かれた」**hoarse**（あとのlose one's voiceもほぼ同じ意味）　「コンパ（パーティー）を開く」**have (/give/hold/** 〔略式〕**throw) a party**〔形式張らない身内の集まりはa get together〕　「盛り上がる」**liven up**　「音痴で」**have no ear for music**　「～を取りのぞく」**get rid of～**　「幹事」**an organizer**　「学生会館」**Student Union**　「会費」**membership fees**

GRAMMAR & PHRASES

1. 「とても～なので，…だ」の表現　so ～ that ...
   I sang *so* loud last night *that* I lost my voice.
   (昨日の晩は大声で歌いすぎて，声がガラガラになった)
   I *so* enjoyed myself *that* I couldn't stop singing.
   (とても楽しくて歌うのをやめられなかったよ)

▶ 「とても」と意味を強める so と接続詞の that が呼応して結果や程度を表す。so のかわりに such (＋名詞句) とすることもできる。また，口語では that を省略することもある。

   (a) I am *so* careless *that* I sometimes leave my cellular phone somewhere.
       (僕はとてもおっちょこちょいなので，よく携帯電話をどこかに置き忘れる)
   (b) She drank *such* a lot of beer *that* we were completely astonished.
       (彼女がとてもたくさんビールを飲むので，僕らはまったく驚いてしまった)
   (c) My surprise was *such that* I couldn't utter a word.
       (僕の驚きは相当なものだったので，一言も声が出せなかった)

2. 「とても～なので，…できない」の表現　too～（for＋意味上の主語）＋to＋原形
   Everything is *too* expensive *for* foreign students *to* live a comfortable life in Japan.
   (留学生には日本の物価はとても高すぎて，快適には暮らせない)

▶ ポイントは to 不定詞に否定の意味が含まれていること。だから上記の so～that ... 構文に書き換えると否定の not が現れる。for 以下が to 不定詞の意味上の主語になる点に注意。
   ⇨Everything is *so* expensive *that* foreign students can *not* live a comfortable life in Japan.

   (a) The foreign student spoke English *too* fast *for* us *to* understand. (⇨The foreign student spoke English *so* fast *that* we could *not* understand him.)
       (その留学生はとても速く英語を話したので，僕らにはわからなかった)
   (b) The song was much *too* difficult *for* me *to* sing.
       (その歌は私にはあまりにも難しすぎて歌えなかった) 〔too の修飾には much, far など〕
   (c) He is *not too* stupid *to* understand it.
       (彼はそれが理解できないほど愚かではない)

WORD BANK

「コンパをお開きにする」**break up the party**　「(格式ばった) 宴席」**a banquet**　「無礼講」(堅苦しいことを抜きにする) **skip (/dispense with) the formalities**　「酒が強い (弱い)」**a heavy (light) drinker**　「酒の勢いで」**under the influence of liquor**　「一杯飲みながら」**over a drink**　「生ビール」**draft beer**　「熱燗」**hot sake**　「赤提灯 (飲み屋)」**a tavern** [tǽvərn]　「お勘定をお願いします」**Could you bring the check, please?**　「領収書」**a receipt**　「二日酔い」**a hangover**

EXERCISES

A 日本語に合うように，（　）内に適切な英語を1語ずつ入れなさい。

1. 食べ物だけで1人2000円かかりますが，もしビールを出すと1人3000円かかります。
   The food alone will (　　　　) you 2,000 yen (　　　　) person, but if you are (　　　　) to serve (　　　　), it will (　　　　) you 3,000 yen.

2. このパーティーは今とても白けているので，盛り上げるために何でもするよ。
   This party is (　　　　) boring now (　　　　) I will do anything to (　　　　) it (　　　　).

3. コンパがとても楽しかったので，だれも家に帰りたくなかった。
   They (　　　　) themselves (　　　　) much at the party (　　　　) nobody wanted to leave.

4. もうコンパをお開きにしてよい時だ。
   It's (　　　　) to (　　　　) up the party.

5. 昨日コンパにいくら払ったかは覚えていないが，5000円以上だったことはありえない。
   I don't remember (　　　　) much I (　　　　) for the party, but it couldn't (　　　　) been more than five thousand yen.

B 次の日本語の文を英語に直しなさい。

1. 金曜の晩に新入部員の歓迎コンパを開こう。

2. コンパは午後5時に始まり，夜の10時までお開きにならなかった。

3. そのコンパは会費が高すぎて，全部の留学生が参加したわけではなかった。

4. カラオケが盛り上がったので，声がガラガラになった。

5. コンパのおかげで，サークル内の人間関係が円滑になった。

6. 4月はコンパが多すぎて勉強ができなかった。

WRITING FOR COMMUNICATION

A 下線部を英語に直しなさい。

A：それは飲みながら話そう。①おやじさん，生ビールを大ジョッキ（big mug）で2つちょうだい。
B：②朝から二日酔いだったんだ。③何かサッパリしたもの（something light）を食べたいな。
A：付き合いで飲むことはあっても，④君は家ではめったに飲まない。
B：⑤僕は酒が弱いんだよ。
A：今日はとことんつき合えよ。⑥二次会は駅前にある行きつけの（favorite）居酒屋でやろう。

①

②

③

④

⑤

⑥

B 自分のコンパの経験または計画について英語で書いてみよう。

---

*WRITING*の鉄人 1　　斎藤秀三郎（1866～1929）

　宮城県仙台生まれ。工部大学校（東大工学部の前身）で学んだ。造船学から英語教師に転身。各地で英語を教え，のちに正則英語学校を経営する。かたわら，生涯に200冊以上の英語関係書を世に出し，『実用英文典』（1898～99）などは日本の学校文法の枠組みを作ったといえる。手紙はすべて英語で書き，外国人のへたな芝居には英語でヤジを飛ばしたという。しかも，彼は終生，外国の土を踏んだことはなかった。

　英語辞書の編纂にも情熱を注ぎ，名著『熟語本位　英和中辞典』（1915）は今でも発行されている。彼は英語全般の鉄人だが，writingの分野での力量は畢生の大著『斎藤和英大辞典』（1928）に最もよく集約されている。4640ページの巨巻で，見出し語は5万，用例は12万。これを斎藤は一人で書きあげた。なかには川柳あり，都々逸あり，俗謡ありと，日本人にしか作れないし，日本人でも斎藤にしか作れない。序文では「日本人の英語はある意味で日本化（Japanize）されなくてはならない」と言っているが，これは今日の多様な英語（englishes）の考え方を先取りした主張だ。現在まで何度か復刻され，CD-ROM版も出るなど，今も根強い人気を誇っている。大村喜吉『斎藤秀三郎伝』（吾妻書房，1960）は名著。一読を勧めたい。

LESSON 5
Cross-cultural Understanding ——異文化理解

WARM-UP READING

日本語を参考に，CDを聴いて（　）内に適切な語を入れなさい。　CD TRACK 5

Hitomi: We'll give a party this weekend for (1　　　　) students coming from Malaysia, Brazil, and Italy. I'd like to respect their cultures and make the party **as comfortable as possible**. What should I be (2　　　　) about, Mr. Thompson?

Thompson: Well, what kind of flowers are you going to arrange?

Hitomi: It is fall now, so I'd like chrysanthemums.

Thompson: Ah . . . , Italian people only use the flowers at funerals.

Hitomi: Oh, dear me! I'll arrange others. What would they like to drink?

Thompson: (3　　　　) is forbidden for Muslims from Malaysia.

Hitomi: I see. How about the gifts we'll give? I love to collect beautiful handkerchiefs.

Thompson: A handkerchief is a sign of (4　　　　) for Brazilians and Italians. Also, leather products are not appropriate for Malaysians of the Hindu religion.

Hitomi: I know they consider cows holy animals. **How difficult** understanding cultural differences is!

Thompson: Don't worry, Hitomi. The point is to know each other beyond the difference of cultures. The party will offer you a wonderful (5　　　　).

ひとみ：この週末にマレーシア，ブラジル，イタリアから来ている留学生のためのパーティーを開こうと思うんです。それぞれの文化を尊重して，できるだけ気持ちのよい会にしたいんですけど。どんなところに配慮をすればいいでしょう，トンプソン先生。

トンプソン：じゃあ，どんな花をあしらうの。

ひとみ：いま秋だし，菊にしようかと思ってます。

トンプソン：うーん，イタリア人はお葬式のときにしかその花を使わないよ。

ひとみ：まあ。じゃ，別のにするわ。飲み物は何がいいでしょう。

トンプソン：マレーシアのイスラム教徒はアルコール禁止だよ。

ひとみ：なるほど。じゃ，パーティーで渡すプレゼントは何がいいかしら。きれいなハンカチを集めるなんて素敵ですけど。

トンプソン：ブラジル人やイタリア人にはハンカチは悲しみの印だよ。ついでに，革製品はマレーシアのヒンズー教徒にはふさわしくない。

ひとみ：牛は神聖な動物なんですよね。異なる文化を理解するのって、本当に難しいわ。

トンプソン：心配はいらないさ，ひとみ。大事なことは，文化の違いを越えてお互いに理解し合うことさ。今度のパーティーは君にとって素晴らしい機会になるよ。

Notes

「～に配慮する」**care about**～　　「あら，まあ」**Oh, dear me!**〔女性が好む表現〕　　「AをBとみなす」**consider A (to be) B**

GRAMMAR & PHRASES

1.「できるだけ～する」の表現　as＋形容詞／副詞の原級＋as＋possible
I'd like to respect their cultures and make the party *as comfortable as possible*.
（それぞれの文化を尊重して，できるだけ気持ちのよい会にしたい）

▶「できるだけ～する」と、能力・可能性を最大限に発揮する表現。as ～ as one canに書き換えることができる。⇨I'd like to respect their cultures and make the party as comfortable as I can.

(a) She made her room *as dark as possible* in order to concentrate her attention.
（彼女は注意力を集中させるためにできるだけ部屋を暗くした）
(b) Please use *as* little pork *as possible* for Muslims.
（イスラム教徒のために、できるだけ豚肉は使わないでください）
(c) I'd like to sell my motorcycle at *as* good a price *as I can*.
（僕は自分のオートバイをできるだけ高く売りたい）
＊as～asの間に形容詞＋名詞が入る場合にはa（an）の位置に注意

2.「なんと～なのだろう」という強い驚きの表現（感嘆文）　How＋形容詞／副詞＋主語＋動詞！
How difficult understanding cultural differences is!
（文化の違いを理解するのはなんと難しいのだろう）

▶強い驚きを表す感嘆文にはHow＋形容詞／副詞＋主語＋動詞！とWhat＋（a/an）形容詞＋名詞＋主語＋動詞！の2種類がある。また，主語＋動詞を省略することもある。

(a) *How* good your memory is!
（あなたはなんて記憶力がよいの）
(b) *What* a poor memory for personal names (I have)!
（なんで人名をこれほど覚えられないんだ）
(c) *How* unwise (it was) of her to go to the holy ground alone!
（一人でその聖域に行くなんて彼女はなんと無分別なんだ）

WORD BANK

「偏見」**prejudice**　「払拭する」**sweep away**　「国際理解」**international understanding**　「異文化間コミュニケーション」**cross-cultural communication**　「すし」**sushi**〔any variety of raw fish and rice〕　「豆腐」**tofu**〔soybean curd〕　「納豆」**fermented soybeans**　「寄せ鍋」**a hotchpotch-style stew**　「おにぎり」**a rice ball**　「忘年会」**a year-end party**　「年賀状」**a New Year's greeting card**　「温泉」**a hot spring / a spa**

EXERCISES

A 日本語に合うように，（ ）内に適切な英語を1語ずつ入れなさい。

井の中の蛙，大海を知らず。外国語の学習は，われわれの視野を広げ，心を豊かにさせる。母語とは異なる言語体系を通して世界や自分自身を見つめることで，人は自分にはいかに限られた知識しかないか，また慣れ親しんだ世界はいかに小さなものかを知るようになる。外国語の勉強は多くの人間蛙が住んでいる小さな文化の井戸を抜け出すためのハシゴの最初の一段かもしれない。

The (1   ) in the (2   ) knows nothing of the great (3   ). Learning a foreign language extends one's (4   ) and expands the (5   ). Looking at the world or oneself through a (6   ) language system, one will know (7   ) limited knowledge one has and (8   ) small one's familiar world is! The study of a foreign language may be the first step on the ladder out of the small (9   ) well in which most (10   ) frogs live.

B 日本語の意味になるように，（ ）内の英語を並べかえなさい。

1. 一般に，西洋人は自分の意見や気持ちをできるだけはっきりと表現することがエチケットだと思っている。
Generally speaking, (it / believe / clearly / possible / that / one's own opinion and feelings / is / good manners / to express / Western people / as / as).

2. 合衆国では日常あたりまえに行われる挨拶として抱擁やキスをするそうです。
(normal everyday / are / hugging and kissing / I've / that / greetings / heard) in the United States.

3. でも私の見方からすれば，こんな風に人前で大っぴらに愛情表現をするとは，なんと下品なことかと思います。
From my point of view, however, (vulgar / affection / such public displays / how / are / of)!

4. 異なる文化の集団を自分たちより劣っていると見なす根深い傾向があります。
There is a (as / deep-rooted / different cultural groups / to / regard / inferior / tendency) to ourselves.

5. そんな偏見はできるだけ早く払拭すべきです。
(possible / swept away / soon / such prejudice / be / as / as / should).

WRITING FOR COMMUNICATION

A 下線部を英語に直しなさい。

A：はじめのうちは，①日本食，とりわけ納豆を食べるのに苦労したよ。
B：私もよ。でも，②最近は健康のためにできるだけ日本食を食べるようにしているの。
A：僕は豆腐が日本食の中でいちばん好き。③豆腐はなんて柔らかで美味しいんだろう。
B：④正直言うと，最初は日本食に偏見をもっていたの。でも今は，そんな偏見は払拭したわ。
A：⑤文化の違いを越えて，お互いをできるだけ理解し合うことが大切だ。

①

②

③

④

⑤

B 自分の異文化体験について英語で書いてみよう。

WRITING CLINIC 4 冠詞の a (an) と the にご用心

かなり英作文のできる人でも、冠詞 (a, an, the) の使い分けは難しい。次のような点に注意しよう。

① a (an)を使う場合
  1. one の意味 I spent a thousand yen.
  2. 「～につき」の意味で (＝per) We eat three times a day.（一日につき3回食べる）
  3. 「～のような」の意味で He is a Newton in Japan.（ニュートンのような偉大な学者）
② theを使う場合
  1. すでに出た名詞に I bought a car. The car has been stolen.
  2. 語句に限定され特定化した場合に The book I bought yesterday was much fun.
  3. 最上級や序数に the best ..., the second ...
  4. the＋形容詞で「～の人々」 The rich are not always happy.（the rich＝rich people）
③ a (an)でもtheでもどちらでもよい場合
  「～というものは」と類全体を表すとき A (/The) horse is a useful animal.
  ＊口語では複数形 Horses are useful animals. が一般的

LESSON 5

LESSON 6

Seminar ──ゼミ

> **WARM-UP READING**

日本語を参考に，CDを聴いて（　　）内に適切な語を入れなさい。　CD TRACK 6

　I attend Prof. Ihara's seminar in English language education, **which** I have long wanted to join. He has (1　　　　　) and thorough scholarship and he is academically very strict with us. I'm always busy gathering (2　　　　　) for my reports. However, my professor is extremely good at teaching and always tries to build up our morale. I really think that I am improving week by week through the seminar **where** a small group of students study and discuss a particular subject with the professor.

　Next week our seminar is going to have two (3　　　　　) students from Australia **who** study Japanese (4　　　　　) in the literature department. We plan to have bilingual debates **that** will sharpen both sides' appreciation of the other language.

　A graduate student, **to whom** I owe much, sometimes joins our seminar. He comes to my university from a high school where he participates in in-service training for teachers. I think he is a walking dictionary indeed, and will become a great (5　　　　　).

井原先生の英語教育ゼミに出ています。前から入るのがあこがれでした。先生は広範かつ周到な学識をお持ちで，学問的にはとても厳しい方です。私はいつもレポートの資料集めに追われています。でも，先生は教え方は上手だし，いつも学生のやる気を引き出そうとしてくださいます。先生と少人数の学生とで特定の主題について勉強したり議論したりするゼミを通して，私は一週一週自分が力をつけていく気がします。

来週，文学部で日本の古典文学を勉強しているオーストラリアからの交換留学生が2人ゼミに参加してくれることになっています。お互いの言葉の理解力を鍛えるために，双方の言葉で討論会をやろうと企画しています。私がいつも助けてもらっている大学院生もときどきゼミに顔を出してくれます。その人は教員の現職研修で高校から来ています。すごく物知りで，きっと立派な学者になると思います。

Notes

「ゼミに出席（／参加）する」**attend (/join) a seminar**　「～をするのに忙しい」**be busy ～ing**
「～が得意な」**be good at～**（「～が下手な」は **be poor at ～**）　「交換留学生」**an exchange student**
「やる気を起こさせる」**build (up) one's morale**　「（知性や技術などを）鍛える，鋭くする」
sharpen　「大学院生」**a graduate student**　「～の点で…に助けてもらっている（恩恵を受けている）」
owe ～ to ...　「教員の現職研修」**in-service training for teachers**　「たいへんな物知り（歩く辞書）」
a walking dictionary

GRAMMAR & PHRASES

1. **関係代名詞** that, who, whose, whom, which など
   I attend Prof. Ihara's seminar in English language education, *which* I have long wanted to join.
   （井原先生の英語教育ゼミに出ています。前から入るのがあこがれでした）
   A graduate student, *to whom* I owe much, sometimes joins our seminar.
   （私がいつも助けてもらっている大学院生もときどきゼミに顔を出してくれます）

▶関係代名詞は，その直前にくる名詞（先行詞）や前の文を説明する語句を導く。その働きによって，主格（〜は；直後に動詞がくる），所有格（〜の；直後に名詞がくる），目的格（〜を；省略されることが多い）にわかれる。「,」（カンマ）を付けると後ろから限定せずに，前の文を補足説明する。ただしthatには「,」（カンマ）はつかない。

   (a) She has three sons *who* (○*that*) are teachers.
       （教師の息子が3人；教師以外の息子がいるかもしれない）
   (b) She has three sons, *who* (×*that*) are teachers.
       （息子が3人いて，3人とも教師；他に息子はいない）
   (c) This is the very book *for which* I am looking.
       ＝This is the very book *which* I am looking *for*.
       ＝This is the very book *that* I am looking *for*.
       ＝This is the very book I'm looking for.（あとになるほど口語的）

2. **関係副詞** where, when, why など
   I am improving through the seminar *where* a small group of students study and discuss a particular subject with the professor.
   （先生と少人数の学生とで特定の主題について勉強したり議論したりするゼミを通して，私は自分が力をつけていく気がします）

▶関係副詞はふつう先行詞が場所ならwhere，時ならwhen，理由ならwhyを用いる。Whereとwhenには「,」（カンマ）を付ける前述の用法がある。

   (a) A hard disk is a device *where* a lot of information is stored.
       （ハードディスクは多量の情報が蓄えられている装置です）〔where＝in which〕
   (b) The winter of 1992, *when* my daughter was born, is still vivid in my memory.
       （1992年の冬のことは、娘が生まれた年なので、いまだに生き生きと記憶に残っている）
   (c) This is the reason *why* I entered this university.
       （これが私がこの大学に入学した理由です）〔whyは省略可能〕

WORD BANK

「ゼミに登録する」**enroll in a seminar**　「ゼミに在籍している」**be in a seminar**　「大学院生のゼミ」**a seminar for graduate students**　「国文学のゼミ」**a seminar in Japanese Literature**　「〜についてのゼミを指導する」**conduct a seminar in** 〜　「〜に出席する」**show up for**〜

EXERCISES

A 日本語に合うように，(　　) 内に適切な英語を1語ずつ入れなさい。

1. 私たちは美しい浜辺で有名な町を訪れた。
   We visited a town (　　　　　) is famous (　　　　　　) its beautiful beach.

2. 井原先生はご自分で書かれた本を私にくださったが，その本の値段はかなり高かった。
   Mr. Ihara gave me a book (　　　　　) he (　　　　　) himself, but the price was quite　(　　　　　).

3. ボーイフレンドがレポートの仕上げを手伝ってくれた。そんなわけで彼女は期限に間に合った。
   Her boyfriend helped (　　　　　) her report. That is the (　　　　　) (　　　　　) she met the deadline.

4. これがシェークスピアの生家です。
   This is the (　　　　　) (　　　　　) Shakespeare was born.

5. もしかすると，核戦争が起こるときがくるかもしれない。
   The time might come (　　　　　) a (　　　　　) war will break out.

B 日本語の意味になるように，(　　) 内の英語を並べかえなさい。

1. いま入ってきた交換留学生は何という名前ですか。
   (the name / just / what's / student / of / in / the exchange / who / came)?

2. 松尾先生は仕事で頻繁に外国へ出かける有名な学者です。
   (scholar / is / abroad / a / work / Mr. Matsuo / famous / takes / whose / him) a lot.

3. 何をしたいのかも考えずに大学に進む学生もいる。
   There are some students (without / what / any idea / who / they / go to / a university / of) are going to do.

4. 教授は私たちのレポートの期限を延長してくださった。
   The professor (an / extension / gave / of / our papers / us).

5. どうして昨日のゼミに来なかったのか，ちゃんとした理由を教えてください。
   Please (why / give / you / for / didn't / a good reason / the seminar / show up / me) yesterday.

WRITING FOR COMMUNICATION

A 下線部を英語に直しなさい。

A: ①ゼミのレポートはもうできた？
B: それがまだなの。②理由は資料がなかなか集まらないからよ。
A: ③先生はいつも学生のやる気を引き出してくれるけど，ちょっと厳しすぎるね。
B: いや，④ゼミは自分を鍛える格好の場所だよ。
A: それもそうか。⑤4年生は就職活動で忙しくなる学年だし。
B: さあ，資料たっぷりの図書館へレッツゴー。
A: ⑥この危機を脱したら1杯やろう。

①

②

③

④

⑤

⑥

B 自分がゼミでやりたいことを英語で書いてみよう。

WRITING CLINIC 5　　名詞の単数形と複数形にご用心

　日本語では1個のリンゴも5個のリンゴも「リンゴ」のままだが，英語ではan appleとapplesに変化するのはご存じのとおり。日本人がいざ英文を書こうとすると，この単数と複数の感覚のズレがやっかいな問題をおこす。

① 単数形は抽象的な一般概念，複数形は具体的な個別概念を表す。cultureとculturesなど。
② 抽象名詞として慣習上，複数形にしないもの　I should have gathered more information. (×informations)　「情報」はたくさん集めても単数形のまま。
③ 日本人の感覚とは異なる複数形　Gray skies get me down.（どんより空だと気が滅入る），be covered with clouds（雲におおわれる），I caught three fish in the river. You'd better have more fruit (×fruits).　あえて種類を言うとき以外は魚も果物も単数。
④ ギリシャ語などの外来語から来た複数形は不規則変化。basis→bases（根拠），datum→data（データ）medium→media（媒介），phenomenon→phenomena（現象）など。
⑤ -f, -feで終わるものは-vesにする場合が多い。There are two knives on the table. ただし，wife（奥さん）をwivesと複数にするかどうかには文化と倫理問題がからむ。

LESSON 7
Environmental Protection ——環境保護

WARM-UP READING

日本語を参考に，CDを聴いて（　）内に適切な語を入れなさい。　CD TRACK 7

Yoko: Today's (¹　　　) says the authorities plan to reclaim the land from the sea.
Satoru: I **haven't read** the article but I **have** long **worried** about it. What's that for?
Yoko: I hear they plan to change the area into a waste dump. **Haven't** they ever **heard** the tidal land is a very precious place for wild (²　　　)?
Satoru: Preservation of nature should be given priority over the destruction of the waterfront.
Yoko: I couldn't agree more. We must (³　　　) nature, because it has evolved over billions of years and become the common heritage of mankind.
Satoru: **It** is impossible **for** human beings **to conquer** nature. We have to approach it with great respect and live in harmony with the environment. Therefore, we need to make more efforts to (⁴　　　) our rubbish.
Yoko: I agree (⁵　　　) you. **It** is important **for** us not **to dump** household refuse into the sea but **to recycle** it more.

洋子：今日の新聞によれば，当局は海を埋め立てる計画を立てているそうよ。
悟：僕はその記事を読んでないけど，前からずっと心配してたんだ。なんのためにそんなことをするんだろう。
洋子：なんでも，その一帯をゴミ処分場にするんだって。野生生物にとって干潟がとても貴重な場所だってことがわからないのかしら。
悟：水辺を破壊するよりも自然保護を優先すべきだよ。
洋子：まったくよね。自然を守らないといけないわ。何十億年にもわたって進化してきて，人類共通の遺産になったのだもの。
悟：人類が自然を征服することなんかできっこないよ。僕らは畏敬の気持ちで自然に接し，環境と調和して生きていかなければならないんだ。だから，僕らはもっと自分たちが出すゴミを減らす努力をしないとね。
洋子：そうね。家庭から出るゴミを海に捨てるんじゃなくて，もっとリサイクルすることが大切ね。

Notes

「海を埋め立てる」reclaim land from the sea　「なんのためにそんなことをするんだろう」**What's that for?**　「ゴミ処分場」**a waste dump**　「干潟」**the tidal land**　「～より優先する」**give priority over~**　「まったく賛成だ」**I couldn't agree more.**　「～と調和して」**in harmony with~**　「～する努力をする」**make efforts to~**（原形）

GRAMMAR & PHRASES

1. 形式主語構文　It is ~ (for ...) to＋原形

It is impossible *for* human beings *to conquer* nature.
（人類が自然を征服することなんかできっこない）

It is important *for* us not *to dump* household refuse into the sea but *to recycle* it more.
（家庭から出るゴミを海に捨てるんじゃなくて，もっとリサイクルすることが大切ね）

▶ 英語は長い主語を嫌う。そのため，形式主語（仮主語）Itを文頭におき，その内容をto＋動詞の原形（不定詞），または~ing形（動名詞）で表す。

(a) *It* is difficult *for* me *to solve* the problem.
（私にはその問題を解くのが困難だ）
〔for me が to solveと主語・動詞の関係（～が…する）になっている点に注意〕

(b) *It* is no use *crying* over spilt milk.《ことわざ》
（こぼれたミルクを嘆いてもむだだ；覆水盆に返らず；済んでしまったことは仕方がない）

2. 現在完了形　have (has) ＋過去分詞

I *haven't read* the article but I *have* long *worried* about it.
（僕はその記事を読んでないけど、前からずっと心配してたんだ）

Haven't they ever *heard* the tidal land is a very precious place for wild life?
（野生生物にとって干潟がとても貴重な場所だってことがわからないのかしら）

▶ 現在完了には，下の例文のように，(a)完了，(b)継続，(c)結果，(d)経験，の４つのニュアンスがある。また，過去のある時点までの完了や継続などを表す過去完了（had＋過去分詞）や，これまで継続し今も進行中のニュアンスを表す現在完了進行形（have＋been＋~ing形）もある。

(a) Cranes *have* just *flown* to this lake.
（鶴たちがこの湖にちょうど飛来してきたところだ）
(b) We *have* long *watched* the birds.
（私たちはその鳥をずっと観察している）
(c) We *have lost* the species from the face of the earth.
（私たちはそれらの種を地球上から失ってしまった）
(d) *Have* you ever *gathered* shellfish at the tidal land?
（その干潟で潮干狩りをしたことがありますか）

WORD BANK

「ダイオキシン」**dioxin**〔ゴミ焼却場や除草剤などから出る猛毒物質〕　「原子力発電所」**a nuclear power plant**　「放射能」**radioactivity**　「汚染」**pollution / contamination**　「汚染物質」**polluting matter**　「エネルギー政策」**energy policy**　「環境汚染」**environmental pollution**　「環境破壊」**environmental degradation**　「環境保全」**environmental preservation**　「排出（物質）」**emission**

EXERCISES

A 日本語を参考に，下の選択肢から最も適切な英語を選んで（　）内に入れなさい。

1. 殺虫剤が地球の生態系をこわしてしまった。母乳中のダイオキシン濃度は国が定めた基準よりも26倍も高いことが今回わかった。人間は無謀にも環境を破壊してきたが，環境がわれわれを破壊する時がすでにやってきている。

    Insecticides have upset the (1　　　) of the earth. Density of dioxin in breast milk (2　　　) recently been (3　　　) to be more than 26 (4　　　) higher than established national (5　　　). We have (6　　　) recklessly destroying our environment, but the time has already come (7　　　) our environment will destroy us.

2. 哲学者たちは世界をさまざまに解釈してきたにすぎない。だが，大事なことは世界を変えることである。

    The philosophers (8　　　) only interpreted the world in various ways; the (9　　　), however, is to change it.

    > guidelines / has / have / ecology / found / point / times / when / been / which

B 日本語の意味になるように，（　）内の英語を並べかえなさい。

1. 多くの科学者たちは，自然を征服しようとするのではなく，自然の営みを理解するよう努めてきた。
    (works / have / how / to / many scientists / understand / tried / nature), not tried to conquer her.

2. 海が人類の生き残りに役立つことができるか否かが大問題である。
    (is / a / can / great question / mankind / whether / it / the sea / help) survive.

3. この地域ではいま，野生生物の半分が今後30年のうちに死滅するだろうと予測されている。
    In this area now, (will / it / half of / estimated / is / die out / the wild life / that) in the next thirty years.

4. その化学工場からの産業廃棄物が地下水を汚染している。
    (has / from / waste / underground water / the industrial / contaminated / the chemical plant).

5. 実験を中止するまで，その島々は放射能の灰で汚染されてきた。
    (by / the / polluted / radioactive fallout / were / before / islands) the experiments were stopped.

WRITING FOR COMMUNICATION

A 下線部を英語に直しなさい。

A：今日の新聞によれば，①この半世紀の間にかなりの数の野生生物が死滅したそうよ。
B：②殺虫剤などの化学物質が地球の生態系を壊してきたんだ。
A：そう。③お母さんの母乳までダイオキシンで汚染されているそうよ。それに地下水も。赤ちゃんはいったい何を飲めばいいの。
B：④経済の前に環境をという考えが21世紀には重要なんだ。
A：⑤人類は自然と調和する生き方を見つけないといけないわ。そうしないと，人類に未来はないわ。

①

②

③

④

⑤

B 環境問題について，自分の意見を英語で書いてみよう。

WRITING CLINIC 6　　機械的な直訳ではなく，状況判断を

日本語をそのまま英語に直訳したのでは意味が通じにくかったり，ときにはまったく通じない場合がある。どのような状況で，何を伝えようとしているのかを考えて英訳しよう。たとえば，次のような日本語を右のように直訳したらどうなる？

(大野晋『日本語練習帳』岩波新書，参照)

母親：「私はキツネ。あなたたちはなに？」 I am a fox. What are you?
少年：「僕はタヌキ」 I am a raccoon dog.
少女：「私はウナギだわ」 I am an eel.

おとぎ話か学芸会の配役選考？ところが実は，食事の注文の話。その場合はこうなる。

Mother: I'll take *Kitsune* noodle. What about you?
A boy: I prefer *Tanuki* noodle.
A girl: I'll have a bowl of broiled eel on rice.

それぞれ，「キツネうどん」「タヌキうどん」「鰻丼」でした。ちなみに，「キツネうどん」を英語で説明すれば，noodles in soy-soup stock with pieces of fried tofu.
これでキツネにつままれた顔 (look puzzled) をしているようでは，まだまだ修業が足りない (need more training)。

LESSON 8

Telephone ——電話

WARM-UP READING

日本語を参考に，CDを聴いて（　　）内に適切な語を入れなさい。　　CD TRACK 8

Smith: **Hello?**
Hiroshi: Is Betty at (1　　　　　)?
Smith: No, there's no one by that name here. This is Mr. Smith.
Hiroshi: Oh, I'm sorry. I must have dialed the wrong number.
Smith: What number are you trying to (2　　　　　)?
Hiroshi: The number is 516-6087, sir.
　　　＊＊＊＊＊＊＊
Hiroshi: Can I (3　　　　　) to Betty?
Hudson: **Who's calling, please?**
Hiroshi: **This is Saeki Hiroshi speaking** from Nankai University.
Hudson: (4　　　　　), she can't come to the phone right now. **Shall I take a message**, or have her call you (5　　　　　)?
Hiroshi: Well, I'm calling from a pay phone right now. When will she be free?
Hudson: **Why don't you** try at nine o'clock?

スミス：もしもし。
洋：ベティーさんはご在宅ですか。
スミス：いえ。うちにはそんな名前の人はいませんよ。こちらはスミスですが。
洋：あ，どうもすみません。番号を間違えたようです。
スミス：何番におかけですか。
洋：516-6087ですが。
　　　＊＊＊＊＊＊＊
洋：ベティーさんはいますか。
ハドソン：どちらさまですか。
洋：こちらは南海大学の佐伯洋です。
ハドソン：すみませんが，娘はいま出られません。伝言をお聞きしましょうか，それともこちらからかけさせましょうか。
洋：ええと，いま公衆電話からなんです。いつごろならご都合がよろしいでしょうか。
ハドソン：9時にかけていただくのはどうでしょう。

Notes

「もしもし」**hello**　　「番号を間違える」**have (/dial) the wrong number**　　「どちら様ですか」**Who is calling?**　　「公衆電話」**a pay phone**

34

GRAMMAR & PHRASES

1. **電話の決まりことば** 「もしもし」Hello 「こちらは～です」This is ～ (speaking)
   This is Saeki Hiroshi speaking. （こちらは佐伯洋ですが）〔speakingは省略できる〕
   Who's calling, please? （どちら様ですか）〔Who are you?は失礼な表現で使わない〕
   Shall I take a message? （伝言をお聞きしましょうか）

▶helloの発音は［həlóu］で第2音節にアクセントがあり尻上がりになる。番号の読み方は，たとえば516-6087ではfive-one-six, six-ou (/zero)-eight-sevenのようになる。次のような決まり文句も覚えよう。

   (a) Can you wait a minute, please?
   （少しお待ちください）
   (b) Hold on, please.
   （電話を切らずにお待ちください；Hold the line, please.とも言う）
   (c) The line is busy.
   （いまお話中です《米》；The number is engaged.《英》）

2. **「～はどうですか」と提案・助言する表現** Why don't you＋原形（＝Why not＋原形）
   Why don't you try at nine o'clock?（＝*Why not* try at nine o'clock?）
   （9時にかけていただくのはどうでしょう）
   If you're tired, *why not* take a rest? (=*Why don't you* take a rest?)
   （お疲れでしたら，お休みになったらいいでしょう）

   (a) *What (/How) about* taking a walk?
   （散歩をしてはどうでしょう）
   (b) *What do you say to* having a party this weekend?
   （週末にパーティーをしてはどうでしょう）
   (c) *Let's* have a drink tonight. — No, *let's* not.
   （今晩一杯やろう。—いや，やめときましょう）

WORD BANK

「伝言する」leave a message 「内線」extension 「携帯電話」cellular (tele) phone 「長距離電話」《米》long-distance call / out-of-city call (《英》trunk call) 「国際電話」an international call 「電話料金」telephone charges / bill 「電話帳」a telephone directory / a phone book 「長電話をする」make a long phone call / talk for a long time on the phone 「…を～につなぐ」put ... through to～

LESSON 8

EXERCISES

A 日本語に合うように，（　）内に適切な英語を1語ずつ入れなさい。

1. あとでこちらからおかけします。
   I'll (　　　) you (　　　　) later.
2. スミスさん，お電話ですよ。
   Mr. Smith, you're (　　　　) (　　　　) the phone.
3. 彼はいま別の電話に出ています。
   He's (　　　) (　　　　) phone right now.
4. この電話をお借りしてよろしいですか。
   (　　　) (　　　　) (　　　　　) this phone?
5. 母と電話で話した。
   I (　　　　) to my mother (　　　　) the telephone.
6. 明日は行けないとスミスさんに電話します。
   I'll (　　　　) Mr. Smith to say that I'll not come tomorrow.
7. お電話ありがとう。
   Thank you (　　　　) (　　　　).
8. その件については電話でお話ししませんか。
   (　　　　) (　　　　) you talk about it (　　　　) the phone?
9. 次の日曜日にバーベキュー・パーティーをしてはどうでしょう。
   What (　　　　) (　　　　) (　　　　) (　　　　) having a barbecue party next Sunday?

B 次の日本語の文を英語に直しなさい。

1. そちらはスミスさんのお宅ですか。

2. ベティーさんはいらっしゃいますか（ベティーさんをお願いします。）

3. いま不在ですが。

4. こちらからかけさせましょうか。

5. いえ，もうじき外出しますので，あとでこちらからおかけ直しします。

WRITING FOR COMMUNICATION

A 下線部を英語に直しなさい。

A：①もしもし。こちらは南海大学ですが。
B：私は北海短大のDaniel Jonesです。②北村教授とお話ししたいので、内線7284番をお願いします。
A：わかりました。③電話を先生におつなぎします。少しお待ちください。
　　④すみませんが，いま電話中です。お言づけをお受けしましょうか。
B：じゃあ，⑤こちらに電話を掛けていただくようにお伝えくださいませんか。
A：⑥先生はあなたの番号をご存じですね。
B：ええ，ご存じです。私とは友だちですから。

①

②

③

④

⑤

⑥

B 二人一組でペアを作り，「週末のコンパ」などのトピックを決めて，英語で電話をかける練習をしてみよう。

---

*WRITING*の鉄人 *2*　　伊地知純正（1884〜1964）

　宮崎県生まれ。早稲田の商科を出て英字新聞のジャパンタイムズに入社。英国留学後、外国新聞記者としてパリ，ニューヨークで英文力を研き，帰国後は定年まで早大で教える。雑誌『英語青年』の和文英訳欄を長らく担当。『大隈重信伝』ほか英文の著作多数。
　まさしく日本を代表する英文ライターだが，彼自身は晩年の自伝『英文修業五十五年』(1956) の中で「永い年月をかけて修業した自分の英文がたいした進歩をみない」と自己批判している。まさに「実るほど　頭を垂れる　稲穂かな」の境地だが，それほど外国語でものを書くことは難しいということだろう。彼は自分の英文の署名をIdichi, Idditti, Iddittie, Ijichiなどと次々に変えた。なぜか？彼の手記を読んでみよう。
　「私は本を書いて校正までは楽しみだが，さて製本が出来てそれを手に取って2，3ページ読んでみると，実際床の上に叩きつける。私が自分の名前の英語の綴りをしばしば変えるのは，前に書いた本が気に入らぬから，心気一転のため新しい書方をするのである。」
　鉄人たるもの，まずおのれに厳しくなくてはつとまらない。

LESSON 9

Driver-oriented Society —クルマ社会

WARM-UP READING

日本語を参考に，CDを聴いて（　）内に適切な語を入れなさい。 CD TRACK 9

Hiroshi: I'm going to a driving school to get a driver's (1   ). I may spend **one-third** of this summer vacation on it. Do you drive a car?

Satoru: No. I don't feel like driving a car. I like cycling.

Hiroshi: I know you are a so-called environmentalist. But I think it (2   ) not to drive a car.

Satoru: I know. However, **as many as** ten thousand people are killed in (3   ) accidents every year in Japan. Do you know the total number of traffic casualties, including injured people?

Hiroshi: Well, I suppose it is **no more than** one hundred (4   ) people.

Satoru: No, the right answer is one million, that is **ten times as large as** your figure. The number injured in traffic accidents is approximately **one hundred times as large as** that of people who die. Furthermore, the number is (5   ) year by year.

Hiroshi: One million! Wow, I'm surprised to hear that.

洋：運転免許を取りに自動車教習所に行くところなんだ。夏休みの3分の1は免許のためにつぶれそうだ。君は車の運転はするの？

悟：いや，ぼくはクルマを乗る気がしないんだ。自転車に乗るのが好きだし。

洋：君はいわゆる環境保護派だからね。でもクルマがないと不便だよ。

悟：確かにね。でも，日本では毎年1万もの人が交通事故で死んでるんだ。けが人も含めた交通事故の犠牲者数を知ってるかい？

洋：そうだなあ，せいぜい10万人くらいかな。

悟：正解は約100万人。つまり君の数字の10倍だ。負傷者の数は死者の100倍にもなるんだよ。しかも，最近は年々増えてる。

洋：100万だって。へえ，そんなの聞くと動揺するなあ。

Notes

運転免許（証）**a driver's license**（米）/ **a driving licence**（英）　「自動車教習所」**a driving school**　「交通事故の犠牲者（死傷者）」**a traffic casualty**　「いわゆる」**so-called**（からかいや軽蔑のニュアンスを含むことが多い）　「〜の数」**the number of**〜（cf. a number of〜は「たくさんの〜」）　「負傷した」**injured**

GRAMMAR & PHRASES

1. 分数や倍数の表現

   I may spend *one-third* of this summer vacation on it.
   （夏休みの3分の1はそのためにつぶれそうだ）
   The number injured in traffic accidents is approximately *one hundred times as large as* that of people who die.
   （負傷者の数は死者の数の約100倍にもなる）

▶ 分数を英語で表すには，分子を基数 (one, two, three ...) に，分母を序数(third, fourth, fifth ...) にしてハイフンでつなぐ。そのとき，分子が複数のときには分母にsをつける（たとえば3分の2はtwo-thirds）。また，「～倍」というときは～times as ... asを使う。

   (a) The number of accidents has decreased to *three-fourths* by means of the measures.
   （対策のおかげで，事故の件数が4分の3に減った）
   (b) The total area of children's playgrounds is only *one-sixth* what it was ten years ago.
   （子どもたちの遊び場は、10年前のたった6分の1である）
   (c) There are more than *two times* (= *twice*) *as many cars as* there were twenty years ago.
   （クルマの数は20年前の2倍以上である）

2. 「～もの」(as many as～),「せいぜい～」(no more than～)などの数量を強調する表現

   As many as ten thousand people are killed in traffic accidents.
   （1万もの人が交通事故で死んでいる）
   I suppose it is *no more than* (= *at most*) one hundred thousand people.
   （せいぜい10万人くらいかな。）

▶ as many as～は数が多いことを強調し，逆にno more than～は少ないことを強調する表現。ほかに，下のような例がある。

   (a) I paid *no less than* (＝*as much as*) twenty dollars.
   （20ドルも払った）
   (b) I paid *not less than* (＝*at least*) twenty dollars.
   （少なくとも20ドル〔＝20ドル以上〕払った）
   (c) I paid *not more than* (＝*at most*) twenty dollars.
   （せいぜい20ドル〔＝20ドル以下〕払った）

WORD BANK

「無免許運転をする」 **drive without a license** 　「免許証を取る」 **get (/gain) a license** 　「免許証を取りあげる」 **suspend a license** 　「免許を取り消す」 **cancel one's license / suspend one's license** 　「死亡原因」 **the cause of death** 　「5×2＝10」 **Two times five is ten.**

EXERCISES

A 日本語に合うように，（　）内に適切な英語を1語ずつ入れなさい。

1. その事故は死者が3名，重傷者が2名だった。
   Three people were (　　　) and two severely (　　　) (　　　) the accident.

2. 事故を防ぐために，学校の周辺では車の乗り入れを厳しく規制すべきだ。
   Traffic should be strictly (　　　) to (　　　) accidents near schools.

3. それらの対策を導入したおかげで事故が30％減少した。
   (　　　) of those (　　　) has decreased accidents (　　　) 30 %.

4. シートベルトの着用で交通事故による死者の数が著しく減った。
   Seat belts have remarkably (　　　) the (　　　) of (　　　) deaths.

5. この町の交通量は1年に10％増加し，道路事情はますます悪化している。
   The traffic in this town is (　　　) (　　　) 10% a year and the situation is getting worse (　　　) worse.

B 日本語の意味になるように，（　）内の英語を並べかえなさい。

1. 昨年は500人もの子どもが交通事故で死んだ。
   (accidents / as / children / five hundred / as / in / many / traffic / were killed) last year.

2. 負傷者の数は死者の5倍にも達した。
   The number of (as / the dead / that of / five / was / times / large / as / the injured).

3. バイクに乗る人は頭のけがを避けるためにヘルメットを着用しなくてはならない。
   Motorcyclists (prevent / to / must / helmets / head injuries / wear).

4. 歩行者が車道を歩くのは危険すぎる。
   It is (walk / pedestrians / too dangerous / to / for / in the roadway).

5. 都市計画では，クルマよりも歩行者を最優先すべきだ。
   In urban planning, (be / over / pedestrians / given / priority / should / cars).

WRITING FOR COMMUNICATION

A 下線部を英語に直しなさい。

　①クルマを運転するときは，事故がまさかのときに突然起こるものだということを忘れてはならない。たとえば，子どもが急に飛び出しても，クルマは急に止まれない。こうして，②交通事故は子どもたちの死亡原因の上位1〜2位を占めている。

　たしかにクルマは便利だ。だが，1955年から1990年の間に，③日本では子どもの遊び場は20分の1に減り，特に都市圏では40分の1になってしまった。かつて道路は子どもの遊び場で，子ども同士をつなぐネットワークだった。それをクルマが断ち切ってしまった。道路を危険な状態で放置したまま児童公園を増やしても解決にはならない。④道路が危なすぎて子どもが公園に近づけないからだ。やはり，⑤クルマ社会に何らかの規制をかけるしかない。〔「まさかのとき」⇨起こることがほとんど考えられないとき〕

①

②

③

④

⑤

B クルマ社会についての自分の意見を英語で書いてみよう。

WRITING CLINIC 7　　「の」は of とは限らない

「の」＝of と機械的に考えずに，文脈から内容を判断して適切な前置詞を決めよう。

　父は中学校の先生だ。　My father teaches *at* a junior high school.（勤務先）
　彼はK出版の嶋田氏です。　He is Mr. Shimada *from* the K Publishing Company.
　　　　　　　　　　　　　　　　　　　　　　　　　　　（所属先；「から来た」）
　彼女は和歌山の夏を楽しんだ。　She enjoyed summer *in* Wakayama.（地域；「における」）
　私は英語の試験を受けた。　I took an exam *in* English language.（内容）
　それは日本史の本だ。　It's a book *on* (/*about*) Japanese history.（研究対象；「に関する」）
　私は1956年2月18日の生まれだ。　I was born *on* February 18, 1956.（日付）
　彼はあの角の花屋に立ち寄った。　I dropped in at a flower shop *at* (/*on*) that corner.
　　　　　　　　　　　　　　　　　　　　　　　　　　　　　　　　　（場所/接点）
　ベートーベンのソナタを聴いた。　I listened to a sonata *by* Beethoven.（作者；「による」）
　彼女はピアノの伴奏で歌った。　She sang accompanied *by* the piano.（手段；「による」）
　お茶の時間ですよ。　It's time *for* tea.（目的；「ための」）
　これは和歌山行きの列車だ。　This is a train bound *for* Wakayama.（行き先；「に向けた」）

LESSON 9

LESSON 10

A College Festival ——大学祭

WARM-UP READING

日本語を参考に，CDを聴いて（　　）内に適切な語を入れなさい。　CD TRACK 10

Our college festival is going to be held from October 30 to (1　　　　) 5. It is my great pleasure to invite you to the festival. I would like you to know (2　　　　) my university and my friends. You are sure to **enjoy watching** exhibitions, **shopping** at the bazaar, **listening** to an open-air concert and **having** some snacks at refreshment booths.

Our club will set up a stall selling *takoyaki* and *okonomiyaki*. Have you ever tried these Japanese snacks? *Takoyaki* is shaped like a ping-pong ball, and made from (3　　　　) with bits of octopus (＝*tako*) and minced leek, etc. Japanese people **like eating** octopus so much. *Okonomiyaki* is a round, flat pancake made from (4　　　　) and chopped vegetables with pieces of meat or seafood, whichever you like (= *okonomi*). I believe they are worth **trying**. I am enclosing two coupons for them with this letter.

Since I am a member of the working committee, I have stayed up all night for a couple of days. I (5　　　　) you will come and see me. Please call me later. See you!

僕らの大学祭が10月30日から11月5日まで開かれます。謹んで君を学祭に招待します。僕の大学も友だちのこともお見せしたいと思います。展示を楽しんだり，バザーで買い物をしたり，野外コンサートを聴いたり，模擬店で軽食を味わったりと，きっと楽しんでもらえると思います。僕らのクラブは「たこ焼き」と「お好み焼き」の模擬店を出します。そんな日本の軽食を食べたことがありますか。「たこ焼き」は，ピンポンのような形で，水溶き小麦粉に小間切れのたことネギのみじん切りなどを入れて作ります。日本人はたこを食べるのがとても好きなんですよ。「お好み焼き」は丸くて平らなパンケーキで，小麦粉，野菜の千切り，それに肉やシーフードなどのお好みのもので（だからお好み焼き）作ります。きっと食べてみるに値しますよ。引換券を2枚同封します。

僕は実行委員なので，この2，3日は徹夜です。だから，きっと来てください。電話お待ちしてます。じゃ，また。

Notes

「展示」**an exhibition**　「模擬店を出す」**set up a stall (/a refreshment booth)**　「水溶き小麦粉」**batter**〔バターはbutter〕　「シーフード（海産食品）」**seafood**　「引換券」**a coupon**　「徹夜する」**stay up all night**　「実行委員会」**a working committee**

GRAMMAR & PHRASES

1. 動名詞（～ing形）　動詞の性格をもち，名詞の働きをする。
   Japanese people *like eating* octopus so much.
   （日本人はたこを食べるのがとても好きなんです）
   You are sure to *enjoy watching* exhibitions, *shopping* at the bazaar, *listening* to an open-air concert and *having* some snacks at refreshment booths.
   （展示を楽しんだり，バザーで買い物をしたり，野外コンサートを聴いたり，模擬店で軽食を味わったりと，きっと楽しんでもらえると思います）

▶ 動名詞は～ing形で，その名の通り「動詞」の性質と「名詞」の性質とをあわせ持つ。たとえば，上の例のlike eating octopus（たこを食べることが好き）では，動名詞eatingが他動詞likeの目的語になり（名詞の働き），なおかつoctopusを目的語にとる他動詞の働きをしている。

   (a) *Seeing* is *believing*.
   　（《ことわざ》見ることは信じること；百聞は一見に如かず）
   　〔動名詞は不定詞の名詞的用法と似た性格をもつので，上の例文はTo see is to believe.としてもほとんど意味が変わらない〕
   (b) My hobby is *collecting* foreign stamps.
   　（私の趣味は外国の切手を集めることです）
   (c) *Takoyaki* is worth *trying*.
   　（たこ焼きは食べてみるに値する）

2. 日本の食事や生活に関する英語
   Takoyaki is shaped like a ping-pong ball.
   （「たこ焼き」は，ピンポンのような形です）
   Okonomiyaki is a round, flat pancake.
   （「お好み焼き」は丸くて平らなパンケーキです）

▶ 海外に出たとき，自国の事柄について語れないと情けない思いをすることがある。また，日本に来た外国人に日本的なものを説明できることも大切だ。まずは身近な事柄から英語で表現してみよう。

   (a) 日本料理で英語になったもの　miso, nori, soy (soy sauce), sake, sashimi, sukiyaki, sushi, tempura, tofu, wakame, yakitoriなど。
   (b) その他の英語化した日本語　Bushido, futon, go（碁），haiku, judo, kabuki, koto, obi, samisen, sumo, tanka, tatami, tycoon（大君；実力者）など

WORD BANK

「仮装行列」**costume parade**　　「体育祭」**athletic meet / field day**　　「講演」**a lecture**　　「バザーに～を出品する」**contribute ～ to the bazaar**　　「おでん」**Japanese hotchpotch**　　「茶道」**(the) tea ceremony**　　「生け花」**flower arrangement**　　「書道」**calligraphy**

EXERCISES

A 日本語を参考にして，(　)に入れるべき英語を下の選択肢から選び，必要ならば適切な形に直しなさい。

その講演会は学生自治会と社会科学研究会との共同後援のもとに実行された。講師は次のように述べた。(1)いわゆる日本の「バブル経済」は1986年に始まり，1991年に初めて後退のきざしを見せた。(2)日本社会は最近になって少子化や急速な高齢化などの新たな問題に直面している。

The lecture was (1　　　) out under the joint (2　　　) of the Student (3　　　) and Social Science Research Society. The lecturer spoke on the (4　　　) two themes: (1) the so-called "bubble economy" in Japan which began in 1986 and first started (5　　　) signs of (6　　　) in 1991, (2) and recent problems in Japanese society such (7　　　) the lower (8　　　) rate and a rapidly (9　　　) population.

> following / carry / age / sponsorship / birth / show / young / recede / Union / such / as

B 日本語の意味になるように，(　)内の英語を並べかえなさい。

1. あなたの仕事はトウモロコシを焼いて，醤油を塗ることです。
   (brushing / your job / roasting / soy sauce / corn / is / and then) on it.

2. 1年間の研究成果や作品を展示する学生もいる。
   (works / their studies / some / the results / students / are exhibiting / of / and) over the year.

3. 彼がその野外ロック・コンサートの仕掛け人だった。
   (open-air / he / the / the / primary / was / concert / organizer / of / rock).

4. 天気予報によれば，あしたは70％の降水確率だ。
   (seventy-percent / a / says / rain / there / of / the weather report / be / chance / will) tomorrow.

5. 雨天の場合は，バザーは中止，運動会は順延です。
   In case of rain (the field day / the bazaar / and / postponed / will / cancelled / be).

6. 今日は仮装行列がメイン・イベントのようだ。
   (costume / event / the / seems / the / to be / parade / main) today.

WRITING FOR COMMUNICATION

A 下線部を英語に直しなさい。

A：①あなたの大学祭に行きたいんだけど、招待してくれない。
B：いいよ。たくさんの模擬店が出て楽しいよ。
A：あなたはどんな役割なの。
B：②ぼくたちのクラスは模擬店で焼き鳥屋をやるんだけど、僕がその責任者なんだ。
A：③私は焼き鳥が大好き。引換券をたくさんちょうだい。
B：まいったな。④あげるから、ときどきは店を手伝ってよ。
A：おもしろそう。⑤焼き鳥って、とり肉を串に刺して、焼いて、醤油を塗るんでしょう。

①

②

③

④

⑤

B 自分の大学祭への招待状を英語で書いてみよう。（下のWRITING CLINICを参考に、相手と自分の住所なども書くこと。）

WRITING CLINIC 8　　英文で手紙を書くときの注意

　英語圏の手紙の書き方には日本とは異なるいくつかのルールがある。決して難しくはないので、次のルールをマスターして、積極的に手紙を出してみよう。

①住所表記　氏名，番地，町，市，県と，ほぼ日本とは反対の順に書く。場所は封筒の中央部。各行末にコンマをつけない。差出人住所は封筒の左上に書く。

〒101-0051　　東京都千代田区神田神保町3-21　金星　靖雄
（英語圏向け）　Mr. Kanahoshi Yasuo
　　　　　　　 3-21 Jimbo-cho
　　　　　　　 Chiyoda-ku, Tokyo 101-0051
　　　　　　　 Japan

②日付　2001年2月18日なら、《米》February 18, 2001　《英》18(th) February 2001
③日本の「拝啓」にあたる文頭は、Dear＋姓（親しい場合は名）
④本文は時候の挨拶抜きで、いきなり本題に入ってよい。
⑤日本の「敬具」にあたる末尾には、改まった場合にはSincerely yours, またはYours sincerely, 親しい場合には Yours, や As always, など。
⑥署名　肉筆文でもワープロ文でも、末尾には必ず手書きで姓名を署名する（親しい場合には名前だけでもよい）。

LESSON 11

Travel Abroad ——海外旅行

WARM-UP READING

日本語を参考に，CDを聴いて（　）内に適切な語を入れなさい。　CD TRACK 11

Clerk: May I see your (1　　　　) please?
Hiroshi: Here you are.
Clerk: Thank you. Your passport is going to expire soon. How long are you going to stay?
Hiroshi: I'm going to stay here for ten days and I'll be returning home before my passport expires.
Clerk: I see. What's the (2　　　　) of your visit?
Hiroshi: For (3　　　　). I'm here on holiday.
Clerk: Where are you going to stay?
Hiroshi: I'm going to stay at the Evergreen Hotel near the castle.
Clerk: Do you have anything to (4　　　　)?
Hiroshi: **I beg your pardon?**
Clerk: You don't have any prohibited articles, such as meat, fruit, or a lot of jewelry, **do you**?
Hiroshi: Yes. Oh, sorry, no. No, I have nothing to declare. I brought my video camera for my (5　　　　) use.

係官：パスポートを見せてください。
洋：どうぞ。
係官：あなたのパスポートはもうじき期限が切れますね。滞在期間はどのくらいの予定ですか。
洋：10日です。パスポートが切れる前に帰国します。
係官：なるほど。滞在の目的は何ですか。
洋：観光です。休暇できました。
係官：どこにご滞在の予定ですか。
洋：お城の近くのエバーグリーン・ホテルです。
係官：何か申告するものはありますか。
洋：え，なんですか。
係官：持ち込み禁止の品，たとえば食肉や果物やたくさんの宝石類などはお持ちではないですね。
洋：イエス。あ，すみません，ノーです。ええ，申告すべきものは何もありません。個人用のビデオカメラだけです。

Notes

「さあどうぞ」 **Here you are.**　「期限が切れる」 **expire**　「もう一度言ってください」 **Pardon?** (= I beg your pardon?上昇調に。What did you say?よりもていねい)　「申告する」 **declare**　「（持ち込みが）禁止されているもの」 **a prohibited article**　「個人用の」 **for one's personal use**

46

GRAMMAR & PHRASES

1.「何とおっしゃいましたか」と聞き返す表現　*I beg your pardon?*（上昇調で）

▶相手の言うことがわからなかったら，遠慮しないで聞き返そう。わかったふりをしてニコニコしていると，とんでもないことになりかねない。I beg your pardon.と？を付けずに下降調に発音すると「ごめんなさい」（＝I'm sorry.）の意味になる。「もう一度おっしゃってくださいませんか」と聞き返す言い方には次のようなものもある（いずれも上昇調で）。

(a) I'm sorry, would you mind repeating that again, please?　（丁寧な表現）
(b) Pardon?　（くだけた調子；《英》ではSorry?）
(c) Excuse me? / Pardon me?　（おもに《米》で，いずれもくだけた調子）
(d) Say once more. / What (did you say)?　（かなり親しい間柄だけで使う）

2.「～していませんね」　付加疑問の表現

You don't have any prohibited articles, such as meat, fruit, or a lot of jewelry, *do you*?
　（持ち込み禁止の品，たとえば食肉や果物やたくさんの宝石類などはお持ちではないですね）

▶一般に，肯定文には否定の，否定文には肯定の付加疑問をつける。下降調で発話すると相手に同意を求める表現，上昇調では相手に念を押す表現となる。また，肯定文に肯定の付加疑問をつけて，上昇調で相手に確認を求める場合もある。

(a) Are you Chinese, *aren't you*?
　　（あなたは中国人ですよね。〔Yesを期待〕）
(b) You don't have any chocolate, *do you*?
　　（チョコレートなんかもってないよね。〔Noを期待〕）
(c) This is the last train, *is it*?
　　（これが終電ですよね。〔確認〕）

WORD BANK

「片道（往復）切符」**a one-way (round-trip) ticket**（《英》single [return] ticket）　「乗り換える」**change trains**　「旅行代理店」**a travel agency**　「～への直行便」**a direct flight to**～　「トラベラーズ・チェック（旅行用小切手）」**a traveler's check** (=TC)　「チェックイン」**check-in**　「両替」**exchange**　「手数料」**charge**　「特産のお土産」**a typical souvenir**　「（日本）大使館」**the Embassy (of Japan)**　「時差ボケ」**jet lag**

EXERCISES

A 日本語に合うように，(　)内に適切な英語を1語ずつ入れなさい。

1. ロンドンへの往復航空券が一番安いのはどの航空会社かな。
   (　　　　) airline offers the best rate on a (　　　　) (　　　　) to London?

2. 旅行代理店と計画を相談しよう。
   I'll discuss my (　　　　) with a (　　　　) (　　　　).

3. ロンドンまでの直行便を予約しよう。
   I'll make a (　　　　) for a (　　　　) (　　　　) to London.

4. トラベラーズ・チェックは，500ポンド分，作っておいた方がいいかな。
   I wonder (　　　　) I should buy 500 pounds' worth of (　　　　) (　　　　).

5. こちらはANAのチェックイン・カウンターですよね。
   This is the (　　　　) (　　　　) for ANA flights, (　　　　) (　　　　)?

B 日本語の意味になるように，下線部に英語を書き入れなさい。

1. ハイゲートへ行くには、どこで乗り換えればいいんでしょう。
   Excuse me, _____ Highgate?

2. カーディフ (Cardiff) 行きはこのホーム (platform) ですよね。
   This _____?

3. このトラベラーズ・チェックを現金にしてください。
   _____, please.

4. 両替をお願いします。
   _____.

5. 手数料がかかりますか。
   Is there _____?

6. アイルランド特産のお土産を教えてもらえませんか。
   What are some _____?

WRITING FOR COMMUNICATION

A 下線部を英語に直しなさい。

A：①8月9日，水曜日に1泊したいのですが。部屋はありますか。
B：シングルでしょうか，ツインでしょうか。
A：②安くてきれいなシングル・ルームをお願いします。安ければ安いほどよいのですが。
B：かしこまりました。③バスなしの部屋が空いております。
A：④え，なんですか？もう一度おっしゃってください。
B：バスなしの部屋が空いております。シングル，バスなしで25ポンドでございます。
A：わかりました。お願いします。⑤あとで予約を再確認する (reconfirm) 必要はありませんよね。
B：⑥はい，その必要はございません。

①

②

③

④

⑤

⑥

B 自分の海外旅行の経験，またはこれからの計画を英語で書いてみよう。

WRITING CLINIC 9　　ライティングにもリズム感が大切

　アメリカの文豪ヘミングウェイ（1899–1961）は，ノーベル賞を受賞した名作『老人と海』(*The Old Man and the Sea*, 1952) を完成させる際に，音読しながら100回以上も書き直したという。なるほど，この作品の文体は簡潔な英語で力強く，音読すると実にリズミカルで躍動感に満ちている。

　作家だけではなく，英語圏でペンをとる人たちは，語句の選択や配置などを決める際に，読んだときのリズムを大切にするという。自分のリズムに照らして「ひっかかる」語句が訂正箇所だと気づくわけだ。たとえば，take off a coat や take it off とは言っても，take off it とはしない。英語の音声は「強弱」の反復が基本だが，「動詞＋副詞」では第1アクセントが副詞（off）に置かれるため，take off it では「強強弱」となって口調が悪いのである。

　こうしたリズム感を体得するために，耳から英語を聴き，優れた英文を音読してみよう。書く力は，読む，聴く，話す力と一体のものなのだ。

LESSON 12

Education ——教育問題

WARM-UP READING

日本語を参考に，CDを聴いて（　　）内に適切な語を入れなさい。　CD TRACK 12

Many (1　　　　) from my university get teacher's certificates. However, they have to pass very difficult examinations before becoming a teacher. The exams, **consisting** of a written exam and a selection interview, are getting more and more difficult, year by year.

I hope to be a teacher at an (2　　　　　) school. But the number of the annual recruitment has become extremely small because of the low birthrate.

The essential (3　　　　　), however, is that **too many children** one teacher is required to teach. In Japan, most classes are jammed with nearly forty students. On the other hand, both in Europe and the United States, the number of schoolchildren may be limited to twenty or so in a compulsory education class. If the Japanese authorities decide to reduce the size of classes by half, (4　　　　) as many as teachers will be needed. The drastic reduction of the large-scale classes is urgent in order to deal with increasing (5　　　　) problems, such as bullying or "classroom breakdown".

うちの大学の多くの卒業生が教員免許状を取得する。しかし，教員になるには難しい採用試験に合格しなければならない。採用試験は筆記試験と面接試験からなり，年々難しくなっている。

私も小学校の先生になりたいけれど，最近では少子化の影響で採用枠がきわめて少ない。でも，本当の問題は，あまりに多くの子どもたちを一人の先生が受け持たなければならないことだ。日本では，40人近い生徒で教室はすし詰めだ。他方で，ヨーロッパでもアメリカでも，義務教育のクラスでは，生徒数は20人程度に制限されているようだ。日本でも，当局がクラスサイズを半分に減らす決心をすれば，教員は2倍必要になる。学校でのいじめや学級崩壊のような増え続ける学校問題に対処するには，大規模クラスの大幅縮小は急務だ。

Notes

「教員免許」**a teacher's certificate**〔教職に必要な単位を取得して教員免許状［teacher's certificate］をもらい，採用試験に合格して教職に就くと教諭などの教員資格［teacher's license］が得られる。〕「（その年の）採用」**annual recruitment**　「少子化」**the low birthrate**　「～で混み合っている」**be jammed with~**　「他方では」**on the other hand**　「義務教育」**compulsory education**　「～するために」**in order to ~**　「～に対処する」**deal with~**　「～のような」**such as~**　「いじめ」**bullying**　「学級崩壊」**classroom breakdown**

GRAMMAR & PHRASES

1. 分詞構文　従属節の主語を省き，動詞を〜ing形にする。簡潔で力強い文体になる。
   The exams, *consisting* of a written exam and a selection interview, are getting more and more difficult, year by year.
   （試験は筆記試験と面接試験からなり，年々難しくなっている）

▶分詞構文は意味的に，時，理由，付帯状況などを表す。口語ではあまり用いられない。上の例文の consisting of a written ... は，the exam consists of a written ... の主語 the exam の繰り返しをさけ，省略したもの。

(a) *Arriving* at the classroom, I found her waiting.
   （教室に着くと彼女が待っていた）
   ＝*When I arrived* at the classroom, I found her waiting.　（時）
(b) *Feeling* cold, I turned off the air conditioner.
   （寒かったのでエアコンを切った）
   ＝*Since I felt* cold, I turned off the air conditioner.　（理由）
(c) Our biology class, *taking* a walk in the woods, saw a great variety of plants.
   （生物の授業で森へ散歩に行き，たくさんの種類の植物を観察した）
   ＝*as the class took* a walk ...（森へ散策に行きながら；付帯状況）

2. 倒置　本来の語順を倒置することで，意味を強める。
   Too many children one teacher is required to teach.
   （あまりに多くの子どもたちを一人の先生が受け持たなければならない）

▶語順をあえて変えることで，前に出た語句が強調される。一般に文語調である。

(a) *Not a word* did she say during the seminar.
   （ゼミの間じゅう彼女は一言もしゃべらなかった）　＝She did not say a word.
(b) *At the top of the hill* stand the buildings of our university.
   （丘の上に私たちの大学の建物がたっている）
   ＝The buildings of our university stand *at the top of the hill*.
(c) At no time *has it been* easier to enter a college.
   （これほど大学に入りやすい時代はいままでにはなかった）　＝It has been at no time ...

WORD BANK

「衝動的に」on impulse　「〜に力点を置く」place emphasis on 〜　「〜に没頭する」be absorbed in〜　「教育委員会」a board of education　「少年犯罪，未成年の非行」delinquency　「義務教育」compulsory education　「生涯教育」lifelong education　「家庭環境」one's home environment　「アイデンティティー」identity　「学校教育法」the School Education Law　「朝鮮学校」ethnic Korean schools　「中等学校（中学・高校）」secondary schools

EXERCISES

A 日本語に合うように，（　）内に適切な英語を1語ずつ入れなさい。

1. ワットは発明家。エジソンもそうだった。
   Watt was an inventor. (　　　　　) (　　　　　) Edison.

2. 君は英語が嫌いだって？　僕もなんだ。
   You say you don't like English. (　　　　　) (　　　　　) I.

3. 衝動的に行動して、彼は学校をやめてしまった。
   (　　　　　) (　　　　　) impulse, he left school.

4. いじめ事件を考えて、彼は一晩中まんじりともしなかった。
   (　　　　　) about the bullying matter, he lay (　　　　　) all night long.

5. 学校でのいじめは日本の大きな社会問題だ。一般的に言って，反撃してこない子どもがいじめられる。
   School (　　　　　) is a big social problem in Japan. (　　　　　) (　　　　　), those who do not fight back are bullied.

B 日本語の意味になるように，（　）内の英語を並べかえなさい。

1. 学生合唱団のこんなすばらしい合唱はめったに聞けるものじゃない。
   Seldom (such / do / singing / hear / fine / we) from school choirs.

2. しなければならない宿題がたくさんあったので，彼女は家にいることに決めた。
   Having (home / homework / at / to / decided / to do / a lot of / she / stay).

3. 高等教育にたいへんお金がかかるようになったので，高収入の家庭しか子どもを大学にやれない。
   Higher education (can / so / to / families / that / expensive / income / has become / only higher / afford) send their children to college.

4. その事実から判断すると，万人への機会均等という民主主義の基本原則は無視されている。
   (the basic / judging / principle / the fact / democratic / from) of equal opportunity for all is negated.

5. 協調性に中学時代の先生らは多大な力点を置いた。
   On (place / conformity / my junior high school teachers / did) much emphasis.

WRITING FOR COMMUNICATION

A 下線部を英語に直しなさい。

①最近，民族のアイデンティティーと学校教育の関係について興味深い論文を読んだ。②インド出身のある少年が，教育が完全に英語で行われるイングランドの学校に送られた。彼はその学校に7歳のときから18になるまで通った。そのため，彼は生まれた土地の（native）文化から完全に切り離されて育った。③こうした理由で，彼はしばしば自分のアイデンティティーがわからなくなったとよく言っていたものだった。

また，④学校教育法によれば，朝鮮学校は通常の中等学校とは認められていない。かつてはそこの生徒たちは多くの競技大会に参加することを許されなかった。⑤国立大学への受験はいまだに許されていない。これでは，⑥万人への機会均等という民主主義の基本原則が無視されているのではないだろうか。

①

②

③

④

⑤

⑥

B 日本の教育問題について，自分の意見を英語で書いてみよう。

---

*WRITING*の鉄人3　　勝俣銓吉郎（せんきちろう）（1872〜1959）

　神奈川県生まれ。郵便局書記を経て，私塾である国民英学会で英語を学ぶ。英字新聞のジャパンタイムズ創設とともに入社。英文記者のかたわら，英語雑誌『青年』（現在の『英語青年』）を武信由太郎とともに創刊。のちに早稲田大学で40年近く英文を教えた。筆名はWaseda Eisaku。つまり「早稲田英作」だから，英作文教育にかける情熱がよく出ている。

　勝俣はポケットにいつもノートを忍ばせ，面白い用例があるとすかさずメモした。数十年にわたるこのnote-book habitによって集められた用例は20万を越え，ついにこれが畢生の大作『英和活用大辞典』（初版1939，2版1958）に結実した。こうした辞書は世界にも例がなく，英文執筆のバイブルとして重宝され，現在もその後継版が出ている。勝俣は横浜の商業補修学校（夜間）でも英作文を教えていたが，彼に習った生徒は次のように回想している。

　「教科書は先生御自身の著書「和文英訳教材」で，和文を適当に区切って私達に直ちに英語で言わせ，それを先生一流の達筆で黒板におかきになり，幾度も口の中で繰返しては訂正されたものである。授業中の先生の態度には一分のすきもなく，文例熟語などは口をついて出て来る。まことに内容の豊富な講義であった。」

LESSON 13

Homestay ——ホームステイ

WARM-UP READING

日本語を参考に，CDを聴いて（　　）内に適切な語を入れなさい。　CD TRACK 13

I stayed with an Australian family for a month this summer. The Smiths, my (1　　　　) family, treated me as if I were a member of the family.

It was certainly an unforgettable (2　　　　) for me. **On reaching** Canberra Airport, I was surprised to realize the difference between the climate of Japan and that of Australia. A mere eight-hour flight brought me from an island in summer to a continent in (3　　　　).

From the Smiths' home, I attended summer session at Sydney University where I took some courses in English language and (4　　　　) on multi-cultural education in Australia. **The more** I studied about Australia, **the more** I felt the importance of improving my language ability.

One of my Australian friends had much interest in anything to (5　　　　) with Japan. He is planning a trip to my country during the next winter vacation. I hope to be the host this time.

　　この夏，オーストラリアで1か月間ホームステイをしました。ホストファミリーだったスミスさん一家はまるで家族の一員のように扱ってくれました。
　　間違いなく私には忘れられない経験となりました。キャンベラ空港に着くとすぐ，日本とオーストラリアとの気候の違いを実感して驚きました。たった8時間のフライトで真夏の島から真冬の大陸に到着だなんて。
　　スミスさんのお宅から，私はシドニー大学の夏期講習会に参加し，そこで英語の授業を受け，オーストラリアの多文化教育に関する講義を聴きました。オーストラリアについて学べば学ぶほど，ますます自分の語学力を向上させる必要性を感じました。
　　オーストラリアの友人の一人は日本に関するあらゆることに興味を持っていて，今度の冬休みに日本を訪れる予定です。今度は私がホスト役をつとめたいと思っています。

Notes

「ホームステイ（する）」**homestay**〔和製英語から認知されるようになった英語〕　「ホストファミリー（受入先）」**a host family**（= homestay parents）　「まるで〜のように」**as if**〜〔仮定法になることが多い☞L.18〕　「〜のまっただ中に」**in the middle (/midst) of**〜　「…すればするほど，ますます〜する」**the more . . . , the more**〜　「〜に興味を持っている」**have interest in** 〜 （= be interested in 〜）

GRAMMAR & PHRASES

1. on 〜ing 時を表す慣用表現 「〜するとすぐ」
   On reaching Canberra Airport, I was surprised to realize the difference between the climate of Japan and that of Australia.
   （キャンベラ空港に着くとすぐ，日本とオーストラリアとの気候の違いを実感して驚きました。）

▶on 〜ingには「〜するとすぐ」（＝as soon as）の意味がある。類例のin〜ingには「〜する時」（＝when）の意味がある。

   (a) *On seeing* the rat, the cat ran after it.
       （ネズミを見たとたんに，ネコは追いかけた）＝*As soon as* the cat saw the rat, ...
   (b) You should be careful *in choosing* a foreign language school.
       （外国語学校を選ぶときには注意した方がいいですよ）＝*when* you choose a foreign ...
   (c) *On arrival* at the station, you must call me up.
       （駅に着いたら，すぐ電話をするように）《文語》＝On arriving at ...

2. 比較構文 「〜すればするほど，ますます…」the＋比較級, the＋比較級
   The more I studied about Australia, *the more* I felt the importance of improving my language ability.
   （オーストラリアについて学べば学ぶほど，ますます自分の語学力を向上させる必要性を感じました）

▶the＋比較級, the＋比較級で，「〜すればするほど，ますます…」の意味となり，両者の比例または反比例の関係を表現する。

   (a) *The sooner* we start something, *the more* we will improve.
       （何事も早く始めれば始めるほど，それだけ上達する）〔しばしば*The sooner, the better.*と省略する〕
   (b) *The harder* she studied and *the more* she progressed, *the less* she felt sorry for herself.
       （学べば学ぶほど，また前に進めば進むほど，自分の身の上を嘆く気持ちが少なくなった）
   (c) *The more* you know, *the easier* it is for you to acquire further knowledge.
       （知れば知るほど，さらに多くの知識を取得することがますます容易になる）

WORD BANK

「前進（進歩）する」**progress**　　「〜を更新する」**renew**〜　　「赤ん坊の子守をさせる」**baby-sit**
「謙虚な」**modest**　　「〜を征服する」**conquer**〜　　「〜にホームステイに出かける」**go on a homestay to**〜

EXERCISES

A 日本語に合うように、(　) 内に適切な英語を1語ずつ入れなさい。

1. シドニーに着くとすぐに、私は国の両親に手紙を書いた。
   (　　　　) (　　　　　　) in Sydney, I wrote to my parents at home.

2. その悪い知らせを聞くやいなや、彼女は泣き出した。
   (　　　　) (　　　　　　) the bad news, she began to cry.

3. パスポートの更新はたいへんでしたか。
   Did you have any (　　　　　) in (　　　　　　) your passport?

4. その家族のもとに長く滞在すればするほど、ますますその一家が好きになった。
   (　　　　) (　　　　　) I stayed with the family, (　　　　　)
   (　　　　　) I liked them.

5. 友だちの話では、彼女の受け入れ先の人は、自分たちが帰宅するまでほとんど毎日彼女に赤ちゃんの子守をさせたり、家の掃除をさせたりしたそうです。
   My friend told me that her homestay (　　　　　　) made her baby-sit their child and (　　　　　) the house almost every day (　　　　　) they got home from work.

B 日本語の意味になるように、(　) 内の英語を並べかえなさい。

1. 階段を下りるときには足下にお気をつけください。
   Please (step / going / watch / the stairs / your / in / down).

2. その問題を解こうとすればするほど、ますます難しくなる気がした。
   (it / more / the problem / seemed / I / solve / the / the / tried to / harder) to become.

3. 山が危険なら危険なほど、彼らはそれを征服したがる。
   (wish to / the / the / more / it / a mountain / dangerous / is / more / they / conquer).

4. 彼女は恥ずかしがり屋なので、それだけ彼女が好きなのです。
   (better / I / for / shyness / her / all the / her / like).

5. 人は学べば学ぶほど、それだけ謙虚になるのが普通だ。
   (is / the / learned / more / more / one / the / one / modest) usually is.

6. 君のホームステイについてのレポートを書き始めなさい。早ければ早いほどよいですよ。
   (your / writing / start / on / report) your homestay experience; (sooner / better / the / the).

WRITING FOR COMMUNICATION

A 下線部を英語に直しなさい。

①わずか1か月間でしたが，ホームステイの体験は一生忘れられないでしょう。文化も言葉も違う者同士が同じ屋根の下に暮らすことの不思議さ。②時間がたてばたつほど，ますますまるで家族のように親しくなりました。③地球に住む，同じ人間なんだということが初めて実感できました。ちょっとしたことで，またオーストラリアに行く機会ができました。④ホストファミリーに手紙を書いたら，空港まで迎えに来ると言ってきました。でもきっと，⑤会うやいなや私は泣いてしまうでしょうね。

①

②

③

④

⑤

B 自分のホームステイ体験または計画を英語で書いてみよう。

WRITING CLINIC 10 　　贅肉を落としてスッキリと

「高等学校卒業後1年間浪人して東京大学に入った」よりも「1浪で東大に入学」の方が引き締まる。どこの国でも，人はみな楽な方を求める。英文もちょっとしたコツで贅肉をリストラし，スリムにきめよう。

《前置詞の活用》
The house is being repaired. ⇨ The house is *under repair*. （その家は修理中です）
The college accepts anyone who has a high school diploma. ⇨ ... anyone *with* a high school diploma. （その大学は高校の卒業証書を持っている人なら誰でも受け入れる）

《ハイフンの活用》
She has a boy who is two years old. ⇨ She has a *two-year-old* boy.
　（彼女には2歳の男の子がいる）
He has a job from nine to five. ⇨ He has a *nine-to-five* job.
　（彼には9時から5時まで仕事がある）

《省略の活用》
Would you read my composition and correct the mistakes, if there are any mistakes?
　⇨ ... mistakes, *if any*? （私の作文を読んで，もし間違いがあれば直してくれませんか）

LESSON 13

LESSON 14

Study Abroad ——留学

> **WARM-UP READING**

日本語を参考に，CDを聴いて（　）内に適切な語を入れなさい。　CD TRACK 14

Cathy: You look blue, Sachiko. What's the (1   ) with you?

Sachiko: I got **the worst** score on the last TOEFL. I felt positive after I took it, but my results were lower than I had expected. Ah, Harvard's MBA (2   ) is out of reach!

Cathy: Don't worry, Sachiko. **Though** Harvard is one of **the most prestigious** universities, it is not the only one. In America there is no basic academic (3   ) of schools to indicate superiority of one school over another, as you find in Japan. Therefore, a student can easily transfer from one school to another. Why don't you (4   ) another school?

Sachiko: I can't help agreeing with you. You know, most American universities require a score of 500 or more. The score I got was **much lower than** that. I guess I would be better off going to an English (5   ) school first.

Cathy: That's better. The more haste, the less speed.

キャシー：落ち込んでるようね，幸子。何かあったの。

幸子：トーフルで最悪の点をとったの。受けたときは手応えがあったんだけど，結果は思ったよりずっと低かったの。あああ，ハーバードのMBAが遠くなっちゃった。

キャシー：くよくよしないの，幸子。たしかにハーバードは最高の名門校の一つだけど，あそこだけが大学じゃないわよ。アメリカでは，どの学校が上で，どの学校が下というような，日本みたいにはっきりした格差付けはないのよ。だから，学生は一つの学校から別の学校へと簡単に転校できるわけ。別の大学にしたらいいじゃない。

幸子：そうね，としか言いようがないわね。ほとんどのアメリカの大学は500点以上を必要とするわね。でも，私の点数はそれよりずっと低いの。どうも最初は英語学校に通った方がいいみたい。

キャシー：そうしなさいよ。急がば回れよ。

Notes

「トーフル (米国留学のための英語力検定試験)」**TOEFL** (Test of English as a Foreign Language) [tóufl]　「手応えがある」**feel positive**　「経営学修士」**MBA** (= Master of Business Administration)　「～してはどうですか」**Why don't you~**〔疑問ではなく、相手を誘う表現 ☞L.8〕　「～するしかない」**can't help ~ing**　「～の方が賢明な」**be better off~**　「急がば回れ」**The more haste, the less speed.**〔急げば急ぐほどスピードが落ちる〕

GRAMMAR & PHRASES

1. 比較級と最上級
   The score I got was *much lower than* that.
   (私の点数はそれよりずっと低い)
   I got *the worst* score on the last TOEFL.
   (トーフルで最悪の点をとった)

▶他と比較して「より〜」「もっとも〜」といった表現方法。比較級を強めるにはmuch, farなどを付ける（×very）。日本語のイメージと違い最上級のものは一つとは限らない。またthe を付ける場合が多い。

   (a) The pen is *mightier than* the sword.
   (《ことわざ》文〔ペン〕は武〔剣〕よりも強し)
   (b) *The latest* methods of language teaching are not always effective.
   (最新の言語教授法が必ずしも効果的とは限らない)
   (c) Her speech was one of *the most* emotional ones I have ever heard.
   (彼女のスピーチはこれまで聴いたなかでもっとも感動的なものの一つだった)

2. though (/although) 〜　「〜ではあるけれども」「〜にもかかわらず」（譲歩の表現）
   Though Harvard is one of the most prestigious universities, it is not the only one.
   (たしかにハーバードは最高の名門校の一つだけど, あそこだけが大学じゃない)

▶though, althoughは文頭にも文中にも用いられる。意味はほぼ同じだが, 口語ではthoughの方が好まれる。類似の表現にeven if, even though（たとえ〜でも）, while（〜だけれども）などがある。

   (a) We managed to find a table, *though* the cafeteria was crowded. (＝*although*)
   (そのカフェテリアは混んでいたが、なんとか席を確保することができた)
   (b) *Even if* my parents refuse their permission, I will study abroad.
   (たとえ両親が許可してくれなくても, 私は留学するつもりです)
   (c) *While* we understand your opinion, we don't agree with it.
   (おまえの意見はわかるが, 私らは賛成できないね)

WORD BANK

「剣」**sword** [sɔ́:rd]〔武力の象徴〕　「授業料」**tuition**　「卒業証書」**a diploma**　「寮」**a dormitory**　「生活水準」**the standard of living**　「祖国」**home country**

LESSON 14

EXERCISES

A 日本語に合うように，（　）内に適切な英語を1語ずつ入れなさい。

1. その大学は好きだけど，授業料が高すぎて私には入れない。
   (   ) I like the university, the tuition is (   ) high for me
   (   ) go there.

2. たとえ試験に落ちても，合格するまで挑戦し続けたらいい。
   (   ) (   ) you fail the exam, you should continue to try
   (   ) you pass.

3. たしかにお金は貴重だが、健康は富よりもはるかに大切だ。
   (   ) money is precious, health is (   ) (   )
   (   ) than wealth.

4. カナダ留学中の寮生活は，生涯でいちばん楽しい経験だった。
   Living in a dormitory during my stay in Canada was (   ) (   )
   (   ) I have ever had.

5. アメリカ人のなかには，進学したい市民には誰にでも大学教育を与える義務が政府にはあると思っている人もいる。
   Some Americans feel the state has the obligation to make college (   )
   available to all (   ) who want to go.

B 日本語の意味になるように，下線部に英語を書き入れなさい。

1. アメリカに学生を引き寄せるために作られた計画のうち最も成功したものは、外国の学生を連れてきて教室の空席を埋めるというプロジェクトであった。
   Among various programs designed to attract students, _____
   _____ to fill empty seats in the classroom.

2. 合衆国は長らく世界に教育を提供し，最高の学生を外国から引き寄せてきた。
   The United States has long offered education to the world and _____.

3. 私立学校ではたしかに授業料はずっと高いが、それでも経費のわずか約半分をまかなうにすぎない。
   _____, it covers only about half the cost.

4. 留学が成功するかどうかは，日本にいるときの準備しだいだ。
   _____ depends on your preparation in Japan.

5. 祖国と合衆国との生活水準の違いが大きければ大きいほど(greater)，ますます帰国したくなくなる留学生も出てくる。
   _____, the more reluctant some students are to go home.

WRITING FOR COMMUNICATION

A 下線部を英語に直しなさい。

A：聞いて。①トーフルで過去最高の成績をとったよ。
B：すごい。②いよいよアメリカ留学が見えてきたわね。
A：問題は資金の不足だ。③僕の行きたい私立大学は公立よりずっと授業料が高いんだ。
B：アメリカの大学は厳しいらしいから，④たとえお金が足りなくても，バイトはできないでしょうしね。
A：⑤奨学金がもらえるように，今よりずっと成績を上げなくては。
B：でもあまり無理しないでね。⑥健康は奨学金よりもずっと大切だわよ。

①

②

③

④

⑤

⑥

B 自分の留学の夢を英語で書いてみよう。

WRITING CLINIC 11 　　文前後の情報の流れを整理しよう

　一つひとつの文が正しく書けていても，通して読むとわかりづらい文章になってしまうことがよくある。たとえば，次の二つの文章を比べた場合に，どちらが読みやすいだろうか。

(A) My house has four bedrooms and two sitting rooms. A large garden is in front of the house. My mother has planted a lot of flowers in the garden.
(B) My house has four bedrooms and two sitting rooms. In front of the house is a large garden. In the garden my mother has planted a lot of flowers.

　どちらも，まったく同じ語句を使った3文から成り立っているが，(B)の方がわかりやすい。なぜだろう？それは，各文のあいだの情報伝達がスムーズに進んでいるからである。つまり，(B)では第1文の場面情報であるhouseを第2文が文頭で受けとめる形で展開されている。2文の後半ではgardenが新情報になるが，第3文は文頭でその情報を受けとめて，次の情報であるflowersへと流れるように続いていく。リレー競技の要領だ。
　これに対して，(A)ではhouse, garden, motherというそれぞれの情報がぶつかり合って，情報の伝達が混乱している。もう一度それぞれを読み比べると，それがよくわかる。
　この点を意識すると，パラグラフ全体の展開が格段にスムーズになる。挑戦してみよう。

LESSON 14

LESSON 15

War and Peace ——戦争と平和

WARM-UP READING

日本語を参考に，CDを聴いて（　　）内に適切な語を入れなさい。　CD TRACK 15

Ethnic, religious or tribal conflicts happen continuously in the (1   ). Even though the Cold War is over, the threat of nuclear war has not yet disappeared. The central task of the world is **to develop** the means by which various nations of the earth can coexist on this small and rapidly shrinking (2   ).

A philosophy **to approach** the task is in Article 9 of the Constitution of Japan (1947). The article clearly states that one country has determined **never to begin** or **join** a war. The article reads as follows:

Aspiring sincerely to an international (3   ) based on justice and order, the Japanese people forever renounce war as a sovereign right of the nation and the threat or use of force as a measures of settling (4   ) disputes.

In order to accomplish the (5   ) of the preceding paragraph, land, sea, and air forces, **as well as** other war potential, will never be maintained. The right of belligerency of the state will not be recognized.

民族，宗教，種族の紛争は世界で絶え間なく起こっている。冷戦終結後も，核戦争の脅威はまだ消えてはいない。世界の中心課題は，地球上のさまざまな民族が，小さな，そして急速に縮みつつあるこの惑星で共存できる手段を見いだすことだ。

この課題を解決するためのひとつの理念が，日本国憲法（1947）の第9条にある。この条文には，一つの国家が二度と戦争を始めたり加わったりしないと決意したことがはっきりと述べられている。条文は以下のようになっている。

日本国民は，正義と秩序を基調とする国際平和を誠実に希求し，国権の発動たる戦争と，武力による威嚇又は武力の行使は，国際紛争を解決する手段としては，永久にこれを放棄する。

前項の目的を達するため，陸海空軍その他の戦力は，これを保持しない。国の交戦権は，これを認めない。

Notes

「冷戦」the cold war〔戦争には至らないが厳しい対立関係にある状態。大文字にすると戦後の米ソの冷戦〕 「共存する」coexist 「理念、考え方」a philosophy 「憲法第9条」Article 9 of the Constitution 「～を希求（熱望）する」aspire to～ 「(自発的に) 放棄する」renounce〔give up は仕方なくすてる〕 「国権の発動（国家が統治権を行使すること）」a sovereign right of the nation 「威嚇（脅かすこと）」threat 「武力」force(s) 「前に述べた」preceding 「潜在力」potential 「交戦状態」belligerency

GRAMMAR & PHRASES

1. 不定詞 (to＋動詞の原形) のさまざまな用法

The central task of the world is *to develop* the means by which various nations of the earth can coexist. 〔名詞的用法（補語）〕
(世界の中心課題は，地球上のさまざまな民族が共存できる手段を見いだすことだ)

One country has determined *never to begin* or *join* a war. 〔名詞的用法（目的語）; 否定〕
(一つの国家が二度と戦争を始めたり加わったりしないと決意した)

A philosophy *to approach* the task is in Article 9 of the Constitution of Japan. 〔形容詞的用法〕
(その課題を解決するためのひとつの理念が、日本国憲法の第9条にある)

▶to＋動詞の原形の形をとる不定詞には，名詞的，形容詞的，副詞的なはたらきがある。不定詞を否定する場合にはnotやneverをtoの前に付ける。

(a) All we have to do is *to aspire* to an international peace. 〔名詞的用法（補語）〕
(しなければならないのは、国際平和を希求することだ)
(b) The sailor kept her letter in his hand *in order* not *to lose* it. 〔副詞的用法（目的）; 否定〕
(その水兵はなくさないように，彼女の手紙をしっかりと握りしめていた)
(c) The soldier went home *only to find* his house in ruins. 〔副詞的用法（結果）〕
(その兵士は故郷に帰ったが、家が廃墟と化しているのを見るのみだった)

2. 「Bと同様にAも」A as well as B〜　（同等比較）

Land, sea, and air forces, *as well as* other war potential, will never be maintained.
(陸海空軍その他の戦力は、これを保持しない)

▶力点はAにおかれる。したがって，not only B but also Aと書き換えられる。また，動詞の人称・数はAに合わせる(a)。さらに，not so much A as B（AよりむしろB）や，Nothing is so A as B（BよりAなものはない）も使えるようにしよう。

(a) She *as well as* I is angry with you. 〔動詞isはsheに対応〕
(僕だけでなく彼女まで君のことを怒っている)
(b) Oceans do *not so much* divide the world *as* unite it.
(海は世界を隔てているというより、むしろ結び合わせている)
(c) My grandfather is always saying that *nothing is so* terrible *as* an atomic bomb.
(祖父は原爆ほど恐ろしいものはないといつも言っている)

WORD BANK

「戦争を回避する」**prevent war**　「〜との関係を修復する」**repair one's relations with**〜　「国連」**the UN** (＝the United Nations)　「パルチザン（ゲリラ部隊）」**a partisan**　「ファシスト（全体主義テロ集団）」**a fascist**　「通常兵器」**conventional weapons**　「核兵器」**nuclear weapons**　「緊張」**tension**　「紛争」**conflict**

EXERCISES

A 日本語に合うように，（　）内に適切な英語を1語ずつ入れなさい。

1. その人たちは戦争を回避するためにあらゆる努力をした。
   They made every (　　　　) to (　　　　) war.

2. キューバは損なわれているアメリカとの関係を修復することを希望している。
   Cuba hopes (　　　　) (　　　　) its damaged (　　　　) (　　　　) the United States.

3. 国連はその地域での侵略を抑制しようとしている。
   The (　　　　) is attempting (　　　　) control (　　　　) in the area.

4. その若い兵士は前線に出たまま二度と戻ってこなかった。
   The young (　　　　) went to the front never (　　　　) return.

5. 世界平和と民主主義のために，多くの市民がパルチザンを組織してファシストと戦った。
   Many citizens organized into partisan groups and (　　　　) (　　　　) fascists for world (　　　　) and (　　　　).

B 日本語の意味になるように，（　）内の英語を並べかえなさい。

1. 平和を守るためには民主主義を守らなければならない。
   (to / democracy / to / protect / have / the peace / we / protect).

2. 彼らの息子は戦争に出たまま二度と戻ってこなかった。
   (to / their son / never / went off / to / the war / return).

3. 戦争を回避する最善策は戦争に備えることではない。
   (avoid / is / not / the best / war / prepare / way / to / to) for it.

4. われわれは両国間の緊張をできるだけ速やかに緩和するための措置を講じなければならない。
   We must (reduce / nations / as soon as possible / between / take / to / the tension / measures / the two).

5. その事件は両国の紛争というより，むしろ戦争に発展した。
   (but into / the incident / developed / a conflict / into / a large-scale war / not) between the two countries.

WRITING FOR COMMUNICATION

A 次の日本語の文を英語に直しなさい。

①民族，宗教，種族の戦争を回避するために，われわれはあらゆる努力をすべきです。

②核兵器と同様に通常兵器も削減しなければなりません。

③その平和条約 (peace treaty) には，両国は決して戦争をしないという決意が述べられています。

④戦争を起こさないために，平和の大切さを子どもたちに教えなければなりません。

⑤私は核戦争ほど恐ろしいものはないと思います。

⑥その軍隊の派遣は，国際紛争を解決する手段というよりも，むしろ紛争を拡大する火種になるかもしれません。〔火種＝原因〕

B 戦争と平和の問題について，自分の考えを英語で書いてみよう。

WRITING CLINIC 12 　　名詞中心の英語らしい作文へ

英語にはブロックのように名詞を積み上げ，それを前置詞や形容詞などで補強して文を完成させる文章が多い。英語で文章を書くときには、動詞や副詞中心の「はんなり」とした日本語をそのまま訳すのではなく，ゴツゴツした骨っぽい英語の感覚で書けば，簡潔で力強い文章ができあがる。特に論文調の文章にはおすすめだ。英語論文の読解力向上にもなる。

① 彼は英語をとても上手に話す。
He can speak English very fluently.
　⇨He is a fluent speaker of English.
② その問題を調べてみたら，おもしろい事実がわかるでしょう。
If you investigate the subject, you will find an interesting fact.
　⇨The investigation of the subject will show you an interesting fact.
③ 詳しく調べてみたら，新しい事実が明らかになった。
When I examined closely, I revealed some new facts.
　⇨A close examination revealed some new facts.
④ 警察がそのカレーライスを調べたら，毒物が検出された。
When the police analyzed the curry and rice, they found that it contained poison.
　⇨The police's analysis of the curry and rice showed the presence of poison.

LESSON 15

LESSON 16

Kabuki ——歌舞伎

WARM-UP READING

日本語を参考に，CDを聴いて（　　）内に適切な語を入れなさい。　CD TRACK 16

Hello Alice, I imagine you are enjoying your life in Japan. Let me take you to a kabuki performance at the Kabukiza Theater in Tokyo next Friday. Kabuki is one of the three major classical (1   ) of Japan, together with Noh (a kind of mask) and Bunraku (puppet theater). **Now that** kabuki is recognized as one of the greatest theatrical traditions in the world, you will find the Japanese word in English dictionaries.

In the (2   ) days of kabuki, in the early 17th century, it was oppressed a number of times by the Tokugawa shogunate (3   ) of its eroticism. But **once** kabuki gained great popularity among the common people, the government could not help approving the plays. Since the (4   ) of the Pacific War, the popularity of kabuki has been maintained and now the theaters are frequently full.

The (5   ) we will see are *Shibaraku* (One Moment) and *Kanjincho* (The Subscription List) with a dance piece. You will be lucky **enough to** see a *shumei* ceremony on the stage. One of my favorite actors is going to take over a prestigious name as a mark of his promotion to a higher position.

アリス，お元気ですか。日本での生活を楽しんでいることとでしょう。今度の金曜日に東京の歌舞伎座で行われる歌舞伎にお誘いしようと思っています。歌舞伎は能（一種の仮面劇）や文楽（人形劇）と並ぶ日本の三大古典演劇の一つです。今では世界の偉大な伝統芸能の一つと見なされているので，kabukiという単語は英語辞典にも載っています。

17世紀初頭に歌舞伎が始まった最初のころは，そのエロティシズムゆえに幾度か徳川幕府に弾圧されました。でも，ひとたび一般庶民の間で大評判になると，政府はその上演を容認せざるをえませんでした。太平洋戦争後も歌舞伎の人気は衰えず，今では劇場がしばしば満員御礼になります。

僕らがみる予定の演目は，「暫(しばらく)」と「勧進帳(かんじんちょう)」，それに舞踊の小品です。とても幸運なことに，舞台での襲名披露もみられますよ。僕がご贔屓(ひいき)にしている役者が，より高い地位に昇進した証として格式ある名前を引き継ぐのです。

Notes

「～と並んで」**together with**～　「幸運にも～する」**be lucky enough to**＋原形　「～を引き継ぐ」**take over**～　「徳川幕府」**Tokugawa shogunate**　「暫」「勧進帳」はいずれも「歌舞伎十八番」の名作

GRAMMAR & PHRASES

1. 「今や～だから」now that～　「ひとたび～すると」once～　時・理由の接続詞

   Now that kabuki is recognized as one of the greatest theatrical traditions in the world you will find the Japanese word in English dictionaries.
   　（今では世界の偉大な伝統芸能の一つと見なされているので，kabukiという日本語は英語辞典にも載っています）

   Once kabuki gained great popularity among the common people, the government could not help approving the plays.
   　（ひとたび一般庶民の間で大評判になると，政府はその上演を容認せざるをえませんでした）

   ▶now that～は「今では～なので」と理由を表す従属節をつくる接続詞の働きをする。thatは省略できる。主節と従属節の時制が異なる場合には使えない（⇨ since, becauseなどに）

   (a) *Now (that)* you are a college student, you have to read a newspaper every day.
   　（もう大学生なのだから，新聞を毎日読まなければいけない）
   (b) *Now (that)* you are twenty years old, you ought to stand up for your right.
   　（君はもう二十歳なのだから，自分の権利は守るべきだ）
   (c) A Japanese university is difficult to get into, but *once* admitted, it is relatively easy to graduate.
   　（日本の大学は入学は難しいが，ひとたび入学すると，卒業はかなり易しい）

2. 「とてもAなのでBする」「BするほどAだ」　A＋enough＋to B

   You will be lucky *enough to* see a *shumei* ceremony on the stage.
   　（とても幸運なことに，舞台での襲名披露もみられます）

   ▶Aには形容詞または副詞、Bには動詞の原形がくる。意味が「とてもAなのでBする」となるものは結果，「BするほどAだ」となるものは程度をあらわす。また，前者はso A as to Bで表現することもできる。

   (a) I was careless *enough to* leave the door unlocked. (so careless as to leave . . .)
   　（たいへん不注意にも私はドアにカギを掛けずにおいた）
   (b) He is excellent *enough to* win a scholarship.
   　（彼は奨学金がもらえるほど優秀だ）
   (c) She was kind *enough to* help me.
   　（《慣用的表現》彼女は親切にも私を助けてくれた）

WORD BANK

「～を守る，擁護する」**stand up for**～　　「文楽」**bunraku**〔the professional puppet theater of Japan〕
「能」**No (/Noh)**〔the oldest professional theater; a form of musical dance-drama originating in the 14th century〕

EXERCISES

A 日本語に合うように、（ ）内に適切な英語を1語ずつ入れなさい。

1. たいへん幸運にも、私はある大きな劇場で仕事を見つけた。
   I was (　　　) (　　　) (　　　) (　　　) a job in a large theater.

2. 彼は15歳で浄瑠璃を作曲したほどの天才だった。
   He was such a (　　　) (　　　) (　　　) composed a *joruri* at the age of fifteen.

3. 一度見はじめたら最後まで見続けなさい。
   (　　　) (　　　) (　　　) watching, you must continue to the end.

4. 「野崎村」の話はあまりにも悲しいものだったので、観衆はすすり泣いた。
   The story of Nozakimura was (　　　) (　　　) (　　　) make the audience weep.

5. 最初から歌舞伎の劇は、それぞれ「時代物」という歴史劇と、「世話物」という生活やしきたりに関する劇という二つに区分されていた。
   From the (　　　), kabuki plays were (　　　) into two categories, called *Jidai-mono*, that is (　　　) plays, and *Sewa-mono*, or dramas of (　　　) and manners.

B 日本語の意味になるように、（ ）内の英語を並べかえなさい。

1. いったん歌舞伎を見はじめたら、なかなかやめられませんよ。
   (hard / once / kabuki / it / start / watching / find / stop / you / you / will / to).

2. ひとたび役者の家に入門すると、彼は弟子として何年も修行しなければならない。
   (spend / joins / must / years / an acting family / once / he / he / many) as an apprentice.

3. 歌舞伎役者の中には文楽にとても影響を受けて、人形の所作をまねた者もいた。
   (were / some / as / kabuki actors / influenced / imitate / so / by bunraku / to) the gestures of the puppets.

4. 歌舞伎に言及しないで文楽を語ることは不可能である。
   (kabuki / it / without / impossible / speak of / is / bunraku / mentioning / to).

5. その歌舞伎役者はとても勤勉かつ人気が高いので、由緒ある名前を引き継いだ（襲名した）。
   (diligent and popular / take / a prestigious name / he / the kabuki actor / was chosen to / was so / over / that).

WRITING FOR COMMUNICATION

A 下線部を英語に直しなさい。
　①歌舞伎は幕府に弾圧されながらも，民衆の人気によって今日まで続いている。②ひとたび人気が高まると，当局も容認しないわけにはいかなかった。芸術はしばしば時の権力者から嫌われることがあるが，③劇場が満員御礼となれば，簡単にはつぶせない。要は，④一般庶民が支えるだけの力量があれば，どんな伝統文化も守ることができるということだ。本当の国際化のためには，⑤歌舞伎や能のような自国の伝統文化の知識をもっともつ必要がある。

①

②

③

④

⑤

B 日本の伝統文化を海外に紹介する文を英語で書いてみよう。

WRITING CLINIC 13　　日本詩歌の英訳

古池や	Old garden lake!	
蛙飛び込む	The frog thy depths doth seek,	〔thy＝your, doth＝does〕
水の音	And sleeping echoes wake.	
朝顔に	The morning-glory, lo!	
つるべ取られて	Hath robbed me of my bucket, O!	
貰ひ水	And I a-begging water go.	
惚れて通えば	Love laughs at distance, Love!	
千里も一里	A thousand miles is one to love;	
会わずに帰れば	But when I can not meet my love,	
また千里	A thousand is a thousand, Love.	
咲いた桜に	Why tie thy steed	
何故駒繋ぐ	To a blossoming cherry-tree?	
駒が勇めば	The horse will prance,	
花が散る	The blossoms scattered be.	

（斎藤秀三郎『斎藤和英大辞典』1928より）

LESSON 17

Internet ——インターネット

WARM-UP READING

日本語を参考に，CDを聴いて（　）内に適切な語を入れなさい。　CD TRACK 17

Satoru: I'm stuck. I can't find a book I must read and review it by next weekend.

Mark: No problem. Let me (1　　　　　) for the book through the Internet. Just a moment, please. My (2　　　　　) is hooked up to the Internet and uses a browser to visit every site around the world. Here you are. This site shows that as many as fifty-eight (3　　　　　) hold the book.

Satoru: Excellent! **It's** obvious **that** we'll depend on the Internet from now on. By the way, is the book sold even now in bookstores?

Mark: Let's **surf the Net** and find bookseller sites. Click here and look. The (4　　　　　) is displayed. Oh no! It's "out of print." But we can see a couple of reviews of the book. **It** seems **that** the book is a masterpiece.

Satoru: Print out the book reviews and give them to me, please. I can manage to make some comments on the book with the help of the (5　　　　　).

悟：まいったよ。来週末までに読んで批評しなきゃならない本があるんだけど，図書館にないんだ。

マーク：だいじょうぶ。探してあげるよ。ちょっとまって。僕のコンピュータはインターネットに接続していて，ブラウザーを通して世界中のホームページをのぞけるからね。さあ，どうぞ。このホームページによれば，58もの図書館がその本を所蔵しているそうだよ。

悟：すごい。これからはインターネットが頼りになることはまちがいないね。ところで，その本は今でも本屋さんで手に入るかな。

マーク：ネットサーフィンをして本屋さんのホームページを探してみよう。ここをクリックして，見てて。データが出てくるよ…。ああ残念，「絶版」だ。でも，ここに2，3の書評が載ってる。優れた本のようだね。

悟：その書評をプリントして僕にちょうだい。その情報を活用すれば，何とかコメントが書けそうだ。

Notes

「インターネット」Internet（略称Net）　「まいった」be stuck（口語）　「だいじょうぶ」no problem (= never mind)　「〜に接続されている」be hooked up to〜　「ブラウザー（インターネット接続業者または接続ソフト）」a browser　「ホームページ」(web) site　「絶版の」be out of print　「傑作」a masterpiece　「〜を頼りにする」depend on〜　「これからは」from now on　「〜をプリントアウト（印字）する」print out〜　「なんとか〜する」manage to＋原型　「〜を活用して」with the help of〜

GRAMMAR & PHRASES

1. 形式主語構文 (It is 〜that＋S＋V)　「Sが…することは〜だ」

It's obvious *that* we'll depend on the Internet from now on.
　（これからはインターネットが頼りになることはまちがいない）
It seems *that* the book is a masterpiece.（優れた本のようだね）
＝The book seems to be a masterpiece.

▶Itはthat以下の節(S＋V)を受ける形式主語。意味上の主語に不定詞 (to＋原形) をとる場合についてはLesson 7参照。that節のかわりに疑問詞節をとる場合もある。

(a) *It is* quite natural *that* he got angry at the computer software.
　　（彼がそのコンピュータ・ソフトに腹を立てたのもまったく当然だ）
(b) *It is* no wonder *that* many children want to access the web site.
　　（多くの子どもたちがそのホームページにアクセスしたがるのも無理はない）
(c) *It is* a serious question *whether* public servants should accept such money or not.
　　（公務員がそんなお金を受け取るかどうかは深刻な問題だ）

2. コンピュータやインターネットの英語

Let's *surf the Net* and find bookseller sites.
　（ネットサーフィンをして本屋さんのホームページを探してみよう）

▶コンピュータやインターネットの急速な普及にともなって、新しい語句や用法が次々に登場している。代表的なものは使いこなせるようにしておこう。

(a) I *e-mailed* my order to an overseas bookstore.
　　（私は外国の本屋さんにEメールで注文を出した）
(b) I have my own *site* on *the World Wide Web* that describes my academic interests.
　　（私はワールド・ワイド・ウェブ上に学問的な関心事を書いた自分のホームページを持っている）
(c) Why don't you *download* the new version and *update* your out-of-date software.
　　（新しいバージョンをダウンロードして，君の古くさいソフトをバージョンアップしたらどう）

WORD BANK

「Eメール（を出す）」**e-mail**〔名詞の場合は複数形なし〕　「ワールド・ワイド・ウェブ」**the World Wide Web**〔＝ W. W. W. インターネット上での世界規模の情報公開システム〕　「ダウンロード」**download**〔インターネットなどからソフトや情報を入手すること〕　「アップデート」**update**〔ソフトなどを更新すること〕　「サイバースペース」**cyberspace**〔コンピュータ上の仮想空間〕　「〜との接触を保つ」**keep track of**〜　「起動する」**start up**　「初期化する」**initialize**　「ワープロ」**word processor**　「表計算プログラム」**spreadsheet program**

EXERCISES

A 日本語に合うように，（　）内に適切な英語を1語ずつ入れなさい。

1. ホスト・コンピュータがクラッシュして，私のEメールは全部消えてしまった。
   All of my e-mail (　　　　) lost when the host (　　　　) (　　　　).

2. インターネットがグローバル・コミュニケーションのためのコンピュータ・ネットワーク・システムであることはよく知られている。
   (　　　　) (　　　　) well (　　　　) (　　　　) Internet is a computer network system for global communication.

3. ディスクを初期化すれば，ディスク上のいかなる情報も消去されてしまうのは当然だ。
   (　　　　) (　　　　) (　　　　) wonder that (　　　　) a disk erases any (　　　　) that may be on it.

4. 最近はインターネットを使いこなせることが学生には必要だ。
   (　　　　) (　　　　) necessary (　　　　) students these days (　　　　) be able to use the Internet.

5. システム・ソフトウェアとは，アプリケーション・プログラムを作動させるためにコンピュータが使用する一群のプログラムやその他のファイルのことです。
   (　　　　) (　　　　) is the set of programs and other files that a computer uses to (　　　　) the (　　　　) programs.

B 日本語の意味になるように，（　）内の英語を並べかえなさい。

1. 私が使っているEメールソフトは新式ではない。
   (not / use / the / I / e-mail / up-to-date / is / software).

2. 彼女はデータをコンピュータに入れるのに苦労したようだ。
   (inputting / seems / the data / she / it / had / her computer / a hard time / into / that).

3. 彼女が古いコンピュータを売ることができたなんて，僕らには驚きだった。
   (she / us / it / a / her old computer / was / was able to / surprise / to / that / sell).

4. そのクラッシュしたハードディスクからのいかなる情報にもアクセスできないなんて，悲惨だ。
   (the / it / access / is / that / any information / hard disk / I / can not / from / a pity / crashed).

5. ネットサーフィンは，子どもたちには親が思っているほど面白いものではないようだ。
   (might think / seems / isn't / much fun / that / for children / as / surfing the Net / their parents / it / as).

WRITING FOR COMMUNICATION

A 下線部を英語に直しなさい。

　①コンピュータはワープロ，電子メール，インターネットなどに大いに利用されている。とりわけ，②ネットサーフィンをして世界中のさまざまなホームページから瞬時に情報を得られることが便利なのは確かだ。これからのビジネスや日常生活にとって，③コンピュータを使わずにやっていくのは難しいかもしれない。でも，④苦労して作成したデータが，ハードディスクのクラッシュによって消えてしまうこともある。しょせん機械は機械だ。それに，⑤サイバースペース上のバーチャル・リアリティーをいくら楽しんでも，本物の自然の繊細さ（delicacy）や人間の情感は味わえないのは当然だ。それらの限界を知った上で，⑥コンピュータと上手につきあうのが大切だ。

①

②

③

④

⑤

⑥

B 「インターネットと学生生活」について英語で書いてみよう。

WRITING CLINIC 14　　英語のていねい表現

　日本語の敬語の複雑さに比べると，一般に英語は単刀直入だ。「あなた様」「きみ」「お前」はyouの1語ですむ。とはいえ，やはり英語にもぞんざいな言い方やていねいな言い方がある。たとえば，「ドアを閉めて」と言うとき，下へいくほどていねいな表現となる（もちろんpleaseを付ければよりていねい）。親しくなるほど上に進めるわけだ。

1. Shut the door.
2. Will (/Can) you shut the door?
3. Would (/Could) you shut the door?
4. Do you think you could shut the door?
5. I wonder if you could shut the door.
6. Would you mind shutting the door?
7. I'd be grateful if you would shut the door.

　この他にも，What's your name? ⇨May I have your name? やYou had better go there. ⇨It would be better for you to go there. などとした方がていねいで，相手に失礼がない。

LESSON 18

Looking for a Job ——就職活動

WARM-UP READING

日本語を参考に，CDを聴いて（　　）内に適切な語を入れなさい。　CD TRACK 18

Takuya: Wow, you've already got a job. (¹   )! A guy like you can get an unofficial appointment at just about any company. You've got the best academic achievement.
Hiroshi: Thanks. How about you, Takuya?
Takuya: It's no good. I got a bad start. Others are well ahead of me. It seems **as if I were** the only one left looking for a job.
Hiroshi: Never! Everybody says the job (²   ) is tight this year.
Takuya: I always do my best to sell myself at an (³   ), but I make a slip and say more than I should. Ah, **I wish I had** some connections to rely on.
Hiroshi: I know an alumnus working for a (⁴   ) company as an executive. Are you interested in him?
Takuya: Sure, of course I am. Please (⁵   ) me to him! You know "A drowning man will catch at a straw."
Hiroshi: I see. **So far as** I know, he is reliable.

拓也：えっ，もう就職が決まったの。おめでとう。君のような人はどこからでも内定もらえるからな。成績は最高だし。
洋：どうも。君の方はどうだい，拓也。
拓也：最悪。出遅れた。みんな先に進んでるのに。まるで，今ごろ就職探してるのは僕ぐらいのようだ。
洋：そんなことないよ。今年は就職状況がきびしいって，みんな言ってるよ。
拓也：僕は面接ではいつも懸命に自分を売り込むんだけど，ついつい余計なことまでしゃべってしまうんだ。ああ。どこかに頼れるコネがないかなあ。
洋：外資系企業で重役をしている先輩を知ってるんだけど，興味ある。
拓也：もちろん，あるある。ぜひ紹介して。「おぼれる者はわらをも掴む」って言うだろう。
洋：わかったよ。僕が知る限り，彼は頼りがいのある人だよ。

Notes

「学業成績」**academic achievement** (= an academic record)　「内定をもらう」**get (/receive) an unofficial appointment**　「ほぼどんな〜」**just about any〜**　「労働市場」**a job market**　「面接」**an interview**　「口を滑らせる」**make a slip**　「先輩(卒業生・同窓生・OB)」**alumnus**〔複数形はalumni，女子の場合はalumnaでその複数形はalumnae〕　「おぼれる者はわらをも掴む」（ことわざ）**A drowning man will catch at a straw.**

GRAMMAR & PHRASES

1. 仮定法　as if I were ..., I wish I had ... など，現実とは異なることを想定・願望する表現

   It seems *as if I were* the only one left looking for a job.
   （まるで，今ごろ就職探してるのは僕ぐらいのようだ）
   I wish I had some connections to rely on.
   （どこかに頼れるコネがないかなあ）

▶ as if＋S＋過去形（be動詞はwere／口語ではwas）で，「まるでSが〜するかのように」と現在の事実と反対のことを想定する表現。I wish＋S＋過去形は「Sが〜すればいいのに」と実現不可能な願望を表す。ともに主語のあとを過去完了形（had＋過去分詞）にすると，過去の事実と反対のことがらを想定・願望する表現になる。as ifの代わりにas thoughでもよい。

   (a) The executive treats me *as if I were* a child.
   　　（その重役は僕がまるで子どもであるかのように扱う）
   (b) After the interview, she looked pale *as though* she *had seen* a ghost.
   　　（面接後，彼女はまるで幽霊でも見たかのように真っ青だった）
   (c) *I wish* I *hadn't drunk* so much the day before.
   　　（前日に，あんなにむちゃくちゃ飲まなければよかったのに）

2. so far as 〜 「〜する限りでは」　条件や限界を表す表現

   So far as I know, he is reliable.
   （僕が知る限り，彼は頼りがいのある人だ）

▶ as far as 〜，in so far as 〜としても意味は同じ「〜する限りでは」で，条件や限界を表す接続詞。so (as) long as〜もほぼ同じ意味。慣用的な表現も多い。

   (a) *As far as* we understand the laws of nature, we can make use of its power.
   　　（自然の法則を知る限りにおいてのみ，われわれはその力を利用することができる）
   (b) We can say and do anything we like *so long as* we don't break the law.
   　　（法を破らない限り，好きなことを言ったり行動したりすることができる）
   (c) I went *so far as* to call him a coward.
   　　（彼に臆病者とまで言ってやったよ）

WORD BANK

「就職する」**take (/get) a job**　「履歴書を書く」**write one's résumé (/personal history/ curriculum vitae)**　「求人広告」**a want ad**　「職探し」**job hunting**　「職を探す」**seek a job / hunt for employment**　「（求人会社が大学内で行う）就職説明会」**job festival / job fair**　「職業紹介所，（大学の）就職課」　**employment bureau / employment agency**　「就職［職業］指導」**vocational guidance**　「一時解雇（する）」**lay off**　「やりがいのある仕事」**work worth doing / a challenging job**

EXERCISES

A 日本語に合うように，(　　)内に適切な英語を1語ずつ入れなさい。

1. 彼がその保険会社に就職できればなあ。
   I (　　　　) (　　　　　　) could (　　　　　　) a job with the insurance company.

2. 仮に給料がそれほどよくなくとも，お前にはなにか職に就くように努力してほしい。
   (　　　　) (　　　　　　) (　　　　　　) to try and get some kind of employment even (　　　　　　) it is not very well paid.

3. もっと何度も彼を病院に見舞いに行っておけばよかったなあ。
   (　　　　) (　　　　　　) (　　　　　　) (　　　　　　) gone to see him more often in the hospital.

4. 私の知る限り，彼女は英語教員として高校に就職した。
   (　　　　) (　　　　　　) (　　　　　　) I know, she got a (　　　　　　) as an English (　　　　　　) at a high school.

5. 彼女はまるでこの会社の実権を握っているかのような口のきき方をする。
   She speaks (　　　　) (　　　　) (　　　　) (　　　　) the boss of this (　　　　).

B 日本語の意味になるように，(　　)内の英語を並べかえなさい。

1. もう職探しに取りかかるべき時期だ。
   It's (looked / and / time / a job / I / high / got out / for).

2. この会社にうちの学校のOBいるかしら。
   (are / I / if / any alumni / there / my school / wonder / of) at this company.

3. 日本に関する限り，経済がすぐに回復するきざしはない。
   (concerned / no / as / there / so / is / are / far / signs of / Japan) an early economic recovery.

4. 私が知る限り，その会社は業績不振のために1000人の従業員を一時解雇した。
   (know / 1000 employees / as / of / I / the company / far / laid off / as / because) its poor performance.

5. 今の仕事をやめて何かもっとましな仕事を探すことができたらなあ。
   (quit / better / wish / for / I / my / I / job / could / look / something / and).

76

WRITING FOR COMMUNICATION

A 下線部を英語に直しなさい。
①日本に関する限り，長引く不況（the prolonged recession）がすぐ回復するきざしは見られない。だから，②最近は大学を出ても就職状況はきびしいようだ。でも，いかに困難でもあきらめないつもりだ。③仮に給料があまりよくなくても，外資系企業でやりがいのある仕事をしたい。それに，自分の一生にかかわることだから，④OBのコネには頼りたくない。⑤他人に頼らない限りで，好きなことを言ったり行動したりできるのだから。

①

②

③

④

⑤

B 下の例にならって，自分の履歴書を英語で書いてみよう。

WRITING CLINIC 15　　英文履歴書（résumé）の書き方

英語の履歴書には日本の履歴書のように定型化した書式があるわけではない。要は，簡潔かつ明快に自分を相手に知らせるよう工夫することだ。一例を示そう。

PERSONAL HISTORY

NAME: Saeki Hiroshi
PLACE & DATE OF BIRTH: Wakayama-Prefecture, Japan.　July 13, 1981
DESCRIPTION: Age: 22　Height: 5' 4"　Weight: 122 lbs.　Single
EDUCATION:
　　1998-2002　Faculty of Education of Nankai University. Bachelor's Degree in Education
　　1995-1998　Minami High School, Osaka
OCCUPATION: None.
SKILLS: Communication skills in English (780 marks in TOEIC)
　　　　Familiar with computers as Macintosh, and such software as MS Office.
REFERENCES: Prof. Takeuchi Kazuya, c/o Nankai University, Osaka

August 24, 2002
Saeki Hiroshi

LESSON 18

LESSON 19

Learning ——学問

WARM-UP READING

日本語を参考に，CDを聴いて（　）内に適切な語を入れなさい。　CD TRACK 19

　I can't keep up with the (¹　　　) some professors give. I have lost confidence in my ability these days. When I told this worry to a professor, he e-mailed and (²　　　) me a lot. How (³　　　) I was to read his words!

　A little learning is not dangerous as long as you are aware that it is **little**. The danger lies in thinking that you know much more than you do. **It is** not knowledge itself but the conceit of knowledge **that** misleads people. Let me quote **a few** maxims of great scholars I like.

　"I do not know what I may appear to the world. But to myself I seem to have been only like a boy playing on the seashore, and enjoying myself in finding a smoother pebble, or a prettier shell than ordinary, while the great (⁴　　　) of truth lay all undiscovered before me." (Newton)

　"There is no royal (⁵　　　) to learning, and only those who do not dread the tiring climb of its steep paths have a chance of gaining its luminous summits." (Marx)

　何人かの教授の授業についていけない。最近，自分の能力に自信がなくなってきた。この悩みを教授に告げると，電子メールで大いに励ましてくれた。先生の言葉を読んだとき，どれほどうれしかったことか。

　学問が不十分でも，自分の学問はまだ浅いという自覚がある限りは危険ではありません。危険なのは，実際以上に自分が博学だと思いこむことです。人を誤らせるのは知識そのものではなく，知識があるという自惚れなのです。私が好きな学者の金言を少し引用させてください。

　「私が世間の人々にどう映っているかはわかりません。でも自分自身としては，真理の大海がまったく手つかずのまま目の前に広がっているのに，海岸で戯れて普通よりもなめらかな小石やきれいな貝を見つけては喜んでいる，ただの少年のようだったと思えるのです。」（ニュートン）

　「学問に王道はありません。急な山道を登るのに疲労をいとわない人だけが，輝く頂上をきわめる機会に恵まれるのです。」（マルクス）

Notes

「～についていく」keep up with～　「～の限りは」as long as～　「～を誤らせる」mislead～
Newton, Isaac (1642-1727；万有引力の法則を発見したイギリスの物理学者)　Marx, Karl (1818-1883；『資本論』などで社会主義理論を確立したドイツの思想家)

GRAMMAR & PHRASES

1. 強調構文　It is A that B　「BなのはAだ」とAを強調する表現

It is not knowledge itself but the conceit of knowledge *that* misleads people.
（人を誤らせるのは知識そのものではなく，知識があるという自惚れなのです）

▶ 強調したい語句をIt isとthatの間にはさむ。形は形式主語構文（☞ Lesson 7）とそっくりだが，強調構文の場合にはIt isとthatを取り去っても意味が通じることが特徴。たとえば上の例文では，Not knowledge itself but the conceit of knowledge misleads people.（知識そのものではなく，知識があるという自惚れが人を誤らせる）という普通の文になる。

(a) *It was* in January 1995 *that* a big earthquake destroyed Kobe.
（巨大地震が神戸を破壊したのは1995年1月のことだった）
(b) *It was* the light from one cigarette *that* caused the fire.
（その火事の原因になったのは，たった1本のタバコの火だった）
(c) *It was* not until I went to work *that* I found how important learning is.
（仕事をするようになって初めて，学問がいかに大切かを知った）
〔not until A that B 「Aして初めてBする」〕

2. 数量の表現　(a) little, (a) few, many, muchなど

A little learning is not dangerous as long as you are aware that it is little.
（学問が不十分でも，自分の学問はまだ浅いという自覚がある限りは危険ではありません）

Let me quote *a few* maxims of great scholars I like.
（私が好きな学者の金言を少し引用させてください）

▶ 数えられない名詞の前にはlittle（ほとんどない），a little（少しある），much（たくさんの），数えられる名詞の前にはfew（ほとんどない），a few（少しある），many（多くの）が用いられる。また，many, muchは主に否定文や疑問文で使われ，肯定文にはa lot of (=lots of / plenty of) が好まれる。なお，quite a few (/little) は反語的に「たくさんの」の意味になるので注意。

(a) She reads *a lot of* books, but he doesn't read *many*.
（彼女はたくさんの本を読むが，彼の方はあまり読まない）
(b) *Few* teachers can get through to students who don't want to learn.
（学ぶ気のない学生に理解させることのできる教師はほとんどいない）
(c) I know *little* English and *less* German.
（私は英語はほとんど知らないし，ドイツ語はもっと知らない）

WORD BANK

「理解させる」**get through**　「実用的な」**practical**　「～に不賛成である」**disapprove of**～　「～に比例して」**in proportion to**～　「ひらめき」**inspiration**　「（事典などの）記載項目」**entry**　「汗・発汗（転じて「努力」）」**perspiration**　「有益な」**informative**

EXERCISES

A 日本語に合うように，（　）内に適切な英語を1語ずつ入れなさい。

1. ほとんど実用的な役には立たない科目も，ときとして人生には大いに役に立つものである。
   Subjects of (　　　　) (　　　　　) utility are sometimes of great use in our life.

2. 「私は君の言うことには反対だが，君がそれを言う権利は死ぬまで守る」と言ったのはボルテールだった。
   (　　　　) (　　　　　) Voltaire (　　　　　) said, "I disapprove of (　　　　　) you say, but I will defend to the death your (　　　　　) to say it."

3. 現在は過去の延長であり，闇夜の灯台のように過去は未来を照らし出す。過去を無視する者たちこそが，同じ過ちを犯すのである。
   The (　　　　　) is an extension of the past, and the past, like a beacon in the darkness, lights the (　　　　　). (　　　　　) (　　　　　) those who ignore the past (　　　　　) will make the (　　　　　) mistakes.

4. 図書館の質こそが，大学のステータスを推し量る物差しとなる。たしかに，学生は学業生活の少なからぬ部分を図書館で過ごす。
   (　　　　) (　　　　　) the quality of the library (　　　　　) measures the status of a university. Indeed, not (　　　　　) (　　　　　) part of a students' academic life is spent in the library.

B 日本語の意味になるように，（　）内の英語を並べかえなさい。

1. この百科事典は歌舞伎に関する項目を比較的少ししか載せていない。
   (comparatively / entries / few / this encyclopedia / kabuki / contains / on).

2. 読者の精神の成長に比例して成長するのは、少数の優れた本である。
   (grow / few / the growth / is / great books / a / that / in proportion to / it) of the reader's mind.

3. その雑誌が大いに有益な情報を与える読み物を掲載するのは、心理学の分野においてだ。
   (it / psychology / is / informative reading / in the field of / that / the journal / a great deal / provides / of).

4. 「天才とは1パーセントのひらめきと99パーセントの努力のことである」と言ったのはエジソンだ。(引用符を補うこと)
   (inspiration / it / ninety-nine percent / and / said / was / who / genius / Edison / is / one percent) perspiration."

5. よい学生が勉強に多くの時間をかけるように，よい教師は授業の準備に少なからぬ時間をかけるものだ。
   (spends / a good student / a lesson / a good teacher / hours / a lot of / in preparing / time / spends / just as / not a few) in studying.

WRITING FOR COMMUNICATION

A 下線部を英語に直しなさい。

A：①ゼミに出るたびに，自分の能力に自信がなくなってきたよ。
B：②自分に自信のある学生なんてほとんどいないわよ。
A：③たしかに，才能のなさを補えるのは努力だけだろうね。天才とは１パーセントのひらめきと99パーセントの努力だというし。
B：それ，エジソンね。④うちのゼミの先生は「学問に王道なし」が口癖よ。
A：要するに，⑤昔から悩まずに大きくなった人はまずいないわけだ。
B：そう。⑥失敗の歴史も成功の歴史も，謙虚に過去から学びましょう。
A：過去を無視すると同じ間違いを繰り返してしまうからね。

①

②

③

④

⑤

⑥

B 学問についての自分の考えを英語で書いてみよう。

WRITINGの鉄人 4　　入江祝衛（1866〜1929）

　幕末の1866（慶応2）年に福島県に生まれ，埼玉で小学校教師をするかたわら，アメリカ人宣教師から生の英語を学ぶため7里（28km）の道を徹夜で往復した。1912（明治45）年に世に送り出した『詳解英和辞典』は，学習者本位の言葉の辞典として，それまでの英和辞書の水準を革命的に飛躍させた傑作。1985年には復刻版が出された。また，1915（大正4）年には『英文法辞典』を出し，3年後にはこれを改訂して『英作文辞典』としたが，これは戦後に復刊されたロングセラー。1391ページの大冊に単語と単語との結びつき（コロケーション）を明示した用例がぎっしり詰まっており，英文作成に重宝である。

　数々の辞書編纂を手がけた入江の苦労には並々ならぬものがあった。作成した用例カードは100万枚を突破。関東大震災（1923）のときには，炎が間近に迫る中でも庭で執筆を続け，心配した奥さんが原稿やカードを庭に穴を掘って埋め，難を逃れた。毎朝3時に起き，昼食は全廃。炎暑の夏にも数分の休憩もとらずに辞書に打ち込んだ。風呂に入れるのはせいぜい月に1度か2度。2か月間1度も入れないこともあった。散髪の時間も惜しく，奥さんに裁縫ハサミで刈ってもらった。過労で吐血が続いたが，仕事の中断を恐れて医者にはかからず執筆を続けた。

　嗚呼，まことに辞書は先人の血と汗の結晶である。感謝して大いに活用しよう。

LESSON 19

LESSON 20
A Graduation Thesis ——卒業論文

WARM-UP READING

日本語を参考に，CDを聴いて（　）内に適切な語を入れなさい。　CD TRACK 20

Mami: It's (¹　　　) to start working on my graduation thesis.
Alice: Me too. I consider **it** important **to choose** a good topic in writing a thesis. When the time comes to **carry** it **out**, it'll **call for** a great deal of energy and patience.
Mami: Don't (²　　　). Everything will **work out** in the end. By the way, what topic are you going to (³　　　) about?
Alice: I'd like to **deal with** the influence of the media on children. I'd like to make **it** clear **whether** violence in television has something to do with violent behavior in kids. But I haven't yet gathered any (⁴　　　) for my paper at all. I wish I had someone to show me the best book on the (⁵　　　).
Mami: I wish I could have a vending machine that would dispense a thesis for me on demand. Just put a 100-yen coin into the machine. Input a title and some keywords, then wait only three minutes until the paper is printed out.

まみ：そろそろ卒論にとりかからなくちゃ。
アリス：私もなの。よいテーマを選ぶことが論文の執筆で大事だと思ってはいるんだけど。いざ実行するとなると，かなりの気力と忍耐を必要とするわね。
まみ：だいじょうぶ。最後には万事うまくいくわよ。ところで，どんなテーマで書こうと思うわけ。
アリス：子どもに対するメディアの影響について扱いたいの。テレビの暴力シーンが子どもの暴力的な行動に何か関係するかどうか明らかにしたいの。でも，論文の材料を全然集めてないわ。私のテーマに関するピカ一の本を教えてくれる人がいないかな。
まみ：私は要求すると出してくれる論文の自動販売機がほしいわ。機械に100円を入れるだけ。タイトルとキーワードをいくつか入れて，論文が印刷されるまで3分待つだけよ。

Notes

「～に取りかかる」**work on ～**　「私も」**Me too.** (= So do [/am] I.)　「卒業論文」**a graduation thesis** ([θíːsis]; 複数形はtheses)　「実行する」**carry out**　「たくさんの」**a great deal of**　「うまくいく」**work out**　「ところで」**by the way**　「～を扱う」**deal with～**　「～と何らかの関係がある」**have something to do with～**　「自動販売機」**a vending machine**　「(機械が)～を出す」**dispense～**　「要求ししだい」**on demand**　「(お金を)入れる」**put in**

GRAMMAR & PHRASES

1. **形式目的語の it**　あとに続く不定詞，動名詞，名詞節を指す。

   I consider *it* important *to choose* a good topic in writing a thesis.
   （よいテーマを選ぶことが論文の執筆で大事だと思う）

   I'd like to make *it* clear *whether* violence in television has something to do with violent behavior in kids.
   （テレビの暴力シーンが子どもの暴力的な行動に何か関係するかどうか明らかにしたい）

▶ S＋V＋it ～＋不定詞（/ 動名詞 / 名詞節）の構文で，itは形式主語（☞ Lesson 7）と同様の働きをする。結論を早く述べ，あとから説明する英語独特の表現法である。

   (a) I believe *it* possible for him *to solve* the problem.
   （彼にはその問題を解くことが可能だと思う）
   (b) I found *it* strange *that* nobody knew the truth.
   （その真実を誰も知らないのはおかしいと思った）
   (c) I'd like to make *it* clear to her *why* I acted like that.
   （僕がなぜあんな行動をとったのか，彼女にははっきりさせておきたい）

2. **群動詞 carry out, call for など**　動詞＋前置詞（／副詞）

   When the time comes to *carry* it *out*, it'll *call for* a great deal of energy and patience.
   （それを実行するとなると，かなりの気力と忍耐力を必要とする）
   Everything will *work out* in the end.
   （最後には万事うまくいくだろう）
   I'd like to *deal with* the influence of the media on children.
   （子どもに対するメディアの影響について扱いたい）

▶ 動詞に前置詞や副詞が結合して，ひとまとまりの意味をもつものを**群動詞**（または**句動詞**）という。口語的なニュアンスが強く，しばしばcarry out＝fulfill, call for＝requireのように書き換えられる。また，carry it outのように，弱音の代名詞 (it) などは副詞 (out) の前に置かれる（☞ p. 49）。よく使われる群動詞は以下のとおり。

　　ask for（要求する）　break down（故障する）　bring about（ひき起こす）　bring out（出版する，世に出す）　care about（気にかける）　carry on（続ける）　catch up with（追いつく）　come about（起こる）　do without（なしですます）　get along（暮らしていく，仲良くやっていく）　give in（提出する）　give up（やめる）　go on（続ける）　keep on（続ける）　look after（世話をする）　make out（理解する）　put up with（我慢する）　take after（似ている）　など。

WORD BANK

「～に関する論文を発表する」**give (/deliver) a paper on** ～　「論文を書き終える」**complete a thesis**　「提出する」**give in / submit**　「資料を分析する」**analyze data**　「分析」**analysis**［複数形は**analyses**］　「関係資料」**relevant data**　「最新資料」**up-to-date data**　「アンケートによる資料」**questionnaire data**　「資料を捜し出す」**dig out (/up) material**　「研究」**research / study**

EXERCISES

A 日本語に合うように，(　　)内に適切な英語を1語ずつ入れなさい。

1. 私は国歌に関する彼の意見はあまり好きではない。
   I don't really (　　　　) (　　　　) his (　　　　) about the national anthem.

2. 彼はそのテーマに関する論文を提出した。
   He (　　　　) (　　　　) a (　　　　) (　　　　) on the subject.

3. 材料のほとんど全部は昨年出版された本から取られた。
   Almost all the (　　　　) is drawn from a book that (　　　　) (　　　　) last year.

4. 私は一次資料に基づいて論文を書くことは困難だが重要なことだと考えている。
   I regard it (　　　　) (　　　　) but important (　　　　) write a thesis based on the original documents.

5. 私にとって歴史教育の方法論を扱っている彼の論文を読むのは大変だった。
   I found (　　　　) (　　　　) (　　　　) (　　　　) his thesis dealing (　　　　) methods of teaching history.

B 日本語の意味になるように，(　　)内の英語を並べかえなさい。

1. 私はそのテーマに関する彼の本を楽しみにしている。
   I'm (topic / his / looking / on / to / book / the / forward).

2. 論文を書くには十分な資料とその冷静な分析が必要だ。
   (a thesis / and / writing / a / calls / analysis / material / for / sufficient / calm) of it.

3. その助教授はもっぱら研究にばかり関心を寄せ，自分の学生のことは気にかけない。
   The associate professor (in / students / and / is / care / interested only / doesn't / his research / about).

4. その最新式のコンピュータのおかげで，膨大な量のデータを分析するのがずっと簡単になった。
   (it / the newest / amount / to / computer / data / analyze / has made / easier / a large / far / of).

5. 彼女の論文は，二酸化炭素が地球温暖化の原因だということを明らかにした。
   (clear / CO_2 / her thesis / warming / it / is / that / for / responsible / global / made).

WRITING FOR COMMUNICATION

A 下線部を英語に直しなさい。

卒論を書くにあたってのガイダンスがあった。①自分がいちばん興味を持っていることについてのテーマ選びから始めることが大切だとわかった。しかし，何ごとも受け身で過ごしてきたので，②私には自分でテーマを選ぶのが難しいことだと思う。しかも，③先生はできるだけ一次資料に基づいて論文を書きなさいとおっしゃった。たとえ未熟でも，④独創性が大切だから，安易に他人の本から材料を取ってきてはいけないと。それに，⑤データの分析と執筆にはコンピュータなしにはすまないようだ。つくづく，⑥卒論の自動販売機があればなあと思う。

①

②

③

④

⑤

⑥

B 論文を書くときに気を付けなければならないことを考え，英語でまとめてみよう。

WRITING CLINIC 16　　技術英語論文の書き方

論文は簡潔，明瞭が肝心だ。とりわけ理科系・技術系の論文では次の点に注意しよう。

①S＋V＋CおよびS＋V＋Oの簡単な文型で書くのが普通で，S＋V＋O＋OやS＋V＋O＋Cのような複雑な文型はできるだけ使わない。
②なるべく複文や重文をさけ，単文にする。
③専門用語(technical terms)をたくさん正確に覚える。
④不必要に人間を登場させず，無生物主語にして客観的な記述につとめる。
　　たとえば，「油をさせばベアリングの摩擦が減少する」は，If you oil the bearings, friction will be reduced.よりも，Oil in the bearings reduces friction.の方が簡潔で明瞭だ。
　(例)「ゴミや不純物があると，エンジンの効率が減少する」
　　　　Dirt or other impurities will decrease engine efficiency.
　　「その食品を分析した結果，人体に有害な添加物が含まれていることがわかった」
　　　　An analysis of the food showed the presence of additives harmful to the human body.
　　「この設定を一つでも誤ると，不正確なデータがコンピュータに送られてしまう」
　　　　An error in these settings will cause incorrect data to be sent to the computer.

本書にはカセットテープ(別売)があります

Let's Write and Communicate!
―コミュニケーションのための基礎英作文―

2001年1月20日 初版発行
2020年3月25日 重版発行
著者　　青木庸效
　　　　江利川春雄
発行者　　福岡正人
発行所　　株式会社　金星堂
（〒101-0051）東京都千代田区神田神保町 3-21
Tel. 営業部 (03)3263-3828　編集部 (03)3263-3997　Fax. (03)3263-0716
E-mail:営業部 text@kinsei-do.co.jp

印刷所／加藤文明社　製本所／松島製本　1-8-3714
落丁・乱丁本はお取り替えいたします

ISBN978-4-7647-3714-3　C1082